100억을 만드는

스몰머니
투 자 법

시드머니에서 투자까지, 재테크 기본다지기

100억을 만드는
스몰머니
투자법

유근용 지음

MONEY

쌤앤파커스

| 차례 |

2장 콘텐츠로 시드머니 모으기

3장 스몰머니를 빅 머니로 만드는 부동산 경매

4장 스몰머니로 가능한 토지 지분 경매

5장 소액 토지 지분 경매 수익화 사례
(유근용 부동산 소액투자 마스터 과정 수강생 사례)

돈은 자기 자신과의
지독한 싸움

돈이 계급을 나누는 사회가 아니라고 누가 감히 말할 수 있을까? 봉건 시대와 다른 점은 법률로 존재하지 않을 뿐, 엄연히 돈 있는 자와 돈 없는 자로 계급이 나눠지는 시대를 살고 있다. 타고난 생김새가 다 다르듯 태어나는 환경도 다 다르다.

출발선이 다른 사람들과의 경쟁에는 상상하지 못할 큰 고통이 뒤따른다. 학업을 포기하고, 수면과 데이트를 포기하고, 결혼을 포기하고, 집을 포기하고, 인생의 많은 부분을 희생해야 그나마 아주 조금 돈으로부터 자유로워지실 수 있다. 새빌이나 대를 잇고 있는 부유층을 제외하면 대부분 무수저로 태어나 몇 번이나 위기를 겪으며 살아간다.

그래서인지 비교적 젊은 나이에 경제적 자유를 달성한 성공 사례들은 사람들을 더욱 조급하게 만든다. 하지만 결코 돈은 쉽게 가볍게 운 좋게 순식간에 오지 않는다. 간혹 돈은 불공평하게 운 좋은 사람에게 붙는 듯 보이지만 자기와의 지독한 싸움에서 이긴 사람에게만 모습을 드러낸다. 돈은 사실 공평하다.

고백하건대 나는 한때 돈에서 가장 멀어지는 길을 걸었다. 평범하지 못한 가정환경이어서 쉽게 학업을 포기하였고 사고뭉치로 10대를 마냥 허비했다. 어영부영 PC방에서 놀다가 끌려가다시피 군대에 갔고, 군대에서 우연히 잡은 책 한 권이 내 삶의 태도를 확 바꾸어 놓은 계기가 되었다. 지금의 부를 축적하는 데 그 책이 지대한 영향을 미쳤다고 확언하지는 않겠다. 그저 내가 한 권의 책을 완독했다는 사실이 뿌듯하고 신기했고, 그 작은 성취 경험이 전혀 다른 삶으로 인도했다. 이후 독서와 아르바이트를 병행하면서 나는 예전의 나를 벗어나려 부단히도 애썼다. 맥도날드 알바생도 내 삶의 과정 중 하나였고, 100억 원이라는 자산도 지금 내가 지나가는 인생의 길목 어디께 있는 것이라고 생각한다.

그동안 만난 수백억 원대 자산가들도 나와 비슷한 경험이 다들 있었다. 그럼에도 누군가는 자산이라고 할 만큼 돈을 굴리고, 누군가는 빚 그물에 갇혀 숨통이 끊어질 지경에 놓여 있다. 그 차이는 운이 아니라 노력이다. 계속 불행과 자책 속에만 머물러 있었다면 단 한 발자국도 내딛지 못했을 것이다. 지금 이 순간에도 제2, 제3의 유근용이 도처에 있을 것 같다.

독서와 공부만이 살 길이라고 고리타분한 소리를 늘어놓고자 하는 것은 아니다. 다만 이 책을 읽는 나보다 어린 친구들, 혹은 나보다 곤궁한 사람들이 좀 더 일찍 돈(경제)에 눈을 떴으면 하는 바람이 있다. 돈의 뒷면은 시간이 밀고 있다. 그리고 돈의 굴레를 벗어나는 길은 돈밖에 없다.

이 책은 돈 때문에 아무것도 할 수 없을 정도로 에너지가 소진된 사람들이나 경험이 일천해 어떻게 해야 할지 모르는 사회초년생들에게 스몰머니로도 불씨를 지필 수 있는 방법이 있음을 알려주고 싶어 쓰게 되었다.

20대는 언제 들어도 가슴이 뛰고 기분 좋은 나이다. 세 자녀의 아버지가 된 지금의 나도 가끔 소년의 기운이 막 가신 뒤의 풋풋한 그 시절로 떠나고 싶을 때가 있다. 인생에서 시간과 건강의 여유가 넘치던 때는 그때뿐인 것 같다. 그만큼 20대를 어떻게 보내느냐에 따라 이후 인생도 달라질 수밖에 없다.

이런 생각을 해보자. 다른 친구들이 먹고 마시고 노는 것들로

인스타그램을 채울 때 내 돈은 나를 위해 달려오는 중이라고. 그것을 마주 보고 내 품속에 껴안으면 내 것이 된다고. 스몰머니로도 부富를 일으킬 수 있는 방법은 분명 있다.

좀 더 일찍 시작해서 좀 더 일찍 경제적 자유를 이루고 싶은 20대들과 사회 초년생들에게 들려주고 싶은 이야기들을 담았다. 부디 독자들에게 스몰 포인트라도 되길 바란다. 그리고 20대 자녀를 둔 부모들이 내 자식이 나보다 더 편하고 부유하게 살기를 바란다면, 꼭 권해주는 책이 되었으면 한다.

2024년 여름
유근용

"어른이 된다는 것은 돈에 우선순위를 매기는 일에 익숙해지는 과정이다."

1장

돈이 붙는
사람이 되자

SMALL MONEY INVESTMENT

〔 1 〕
잘 써야 돈이 붙는다

세 줄 요약
☑ 쓰는 돈에 우선순위를 매길 줄 알아야 한다.
☑ 쓰는 규모를 파악하려면 손으로 적어 봐야 한다.
☑ 돈을 쓸 때는 '미래지향적'으로 써라.

10대 시절 밖으로 싸돌아다닐 때는 지켜야 할 규범 따위는 없었다. 학교 선생님이나 부모님의 속을 부단히 태우면서도 '이래도 되나?' 하는 생각조차 없었다. 어디서 생긴 건지 알 필요도 없는 돈들이 친구나 내 주머니에 있었고, 우린 쓰면 그만이었다. 그래봤자 거의 부모님한테 이런저런 핑계로 얻어낸 돈이 대부분이었다. 돈이 없는 날에는 없는 대로 놀 방법이 있었다. 시간이 어떻게 흘러가는지도 모르고, 내일 일은 내일 생각하자는 식이었다.

나만 이런 10대를 보냈을까? 흘려보낸 10대와 20대를 후회하지 않는 사람을 만나기가 더 어렵다. 어쩌면 정도 차이만 있을 뿐, 우리 모두는 덩치만 큰 아이처럼 10대를 보내는 건지도 모른다. 그러다 고등학교를 졸업하고, 갑자기 성인식에 향수 한 병 사주고 이제부터 어른이라고 한다. '스무 살이 되었을 뿐인데 갑자기?'라는 생각이 들지만 경제적이든 심리적이든 스무 살이 되면 독립적으로 살아갈 궁리를 해야 하는 위치로 변한다.

20대가 되어 시급 아르바이트일지라도 스스로 돈을 벌어 보면 정말 어른이 된 것 같은 기분도 느낀다. 제약도 없겠다 플렉스하는 기분과 자기 보상 심리에 빠져 저축이나 재테크 같은 것은 막연히 언젠가는 해야 할 숙제처럼 뒤로 미뤄둔다. 20대라고 해도 물리적 나이만 성인일 뿐 10대 수준의 사고방식에서 크게 벗어나지 못하는 것이다.

과거와 달리 요즘은 돈 공부에 대한 인식이 높아져서 10대부터 재테크와 용돈 관리를 하는 경우도 많지만, 막상 스무 살이 되어 마음대로 해도 된다고 하면 다 비슷비슷해진다. 거침없이 소비하는 욜로족도 되었다가 너무 돈을 안 모으고 쓰기만 하는 게 아닌가 싶어서 앱테크나 짠테크 같은 것에 관심을 가지기도 한다. 뚜렷한 계획이나 목적 없이 학교를 졸업하고 취업하고, 월급 타서 쓰고, 카드사 힘을 빌리고, 그렇게 어찌어찌 넘어가다 보면 어느덧 30대다.

내가 만난 경제적 자유를 이룬 사람들 대부분 이 정도 나이에서 현실을 자각했다. 30대가 되어서 변변한 직장도 없이 알바만 하거나 계속 돈을 융통해야 된다든지 하면 주변 사람들 보다 본인 스스로 현타가 온다. 돈의 힘이 얼마나 위대한지 깨닫는 계기가 생겨 막상 뭘 해보려고 하면 수중에 돈 한 푼 없는 경우가 다반사다. 10대와 20대를 거치는 동안 돈에 대한 가치관을 스스로 정립하는 건 어려운 일이다. 비로소 30대에 이르면 돈의 위력과 마주한다.

나 또한 30대가 되어서야 '돈'에 대해 눈을 뜬 것 같다. 돈이 주는 신호는 다양하다. 갑자기 돈 욕심이 생기는 것은 하고 싶은 일이나 갖고 싶은 물건 즉 욕망이 생겼다는 뜻이다. 욕망은 사람을 조금 더 진취적으로 만든다. 아르바이트로 한 달에 150만 원을 벌면 200만 원을 벌 수 있는 일을 찾게 된다. 정규직을 찾고 안정적인 수입이 생기면 자연스럽게 주식이나 부동산 같은 재테크에 관심이 생기기도 한다.

돈이 보내는 이런 평범한 신호가 있는가 하면, 날카로운 경고음도 있다. 매달 만나는 친구 모임의 회비 몇만 원이 부담스러워지고, 쇼핑몰 장바구니에 물건을 담아두기만 한다면 분명 그 사람은 상당한 경제적 곤란에 처해 있고, 어떻게든 재무 개선을 하지 않으면 안 되는 상황이라는 신호다. 정작 본인은 깨닫지 못하기도 한다.

돈은 인간관계의 종말을 가져올 때도 있다. "너는 그 정도 벌면서 명품백 하나 안 사? 너는 언제 골프 시작할 거야? 여름휴가에 동남아 말고 유럽이나 미국 같은 데 가고 싶어." 친구들끼리 충분히 주고받을 수 있는 대화인데 선뜻 껴들지 못하게 될 때가 있다. 서서히 관계에 균열이 생기는 것은 꼭 감정의 문제만은 아니다. 소비의 기준이 다를 때, 흔히 말하는 수준 차이를 느낄 때 멀어질 것을 예감하게 된다.

근래 20, 30대 사이에서는 결혼식 축의금을 가지고 친구를 손절하니 마니 하는 말들이 많다. 자신만의 지출 기준이 없는 사람이 그만큼 많다는 뜻이다. 수입은 일정하고 지출은 수시로 늘어나기 때문에 경조사가 생기면 약간 펑치기 당하는 심정이 되는 것이다. 돈은 모으기도 어렵지만 지키기는 더 어렵다고 한다. 어! 하는 사이에 손가락 사이에 모래 새듯이 줄줄 새는 게 돈이다. 경조사비만 그런 게 아니다. 택시 몇번 타고 외식 몇 번 하고 나면 금세 월급은 바닥난다.

자기도 모르는 사이에 돈은 숨 쉬는 공기를 바꿔놓는다. 나이 들수록 빠르게 친구들과 멀어지고 인덱스형 인간관계로 전환된다. 목적에 따라 전화번호도 그룹화 시키고 어느새 보이는 이미지 관리를 안 할 수 없게 된다.

경제적 자유라는 대단한 꿈의 실현이 아니라, 최소한 자기답게 살기 위해 돈에 대한 공부를 하지 않을 수 없다. 어른이 된다는 것은 돈에 우선순위를 매기는 일에 익숙해지는 과정과 같다. 돈 공부에서는 기준을 마련하고 지출 관리를 하는 것이 모으는 것보다 더 먼저 배워야 할 걸음마이다. 돈을 알기 위해서는 돈을 잘 쓸 수 있어야 한다.

어른답게 수입과 지출을 관리하는 데에는 딱 4가지만 알면 된다. 제일 간단한 것인데 이 4가지를 파악 못하는 사람이 생각보다 많다.

첫째, 자기가 가진 것을 알아야 한다. 모아둔 통장, 선물로 받은 주식, 공동명의의 부동산 등등. 이것을 자산현황이라고 하자.

둘째, 자기가 빚을 얼마나 지고 있는지 알아야 한다. 대출현황이라고 하자. 여기에는 한 달 일정 수준 이상 쓰고 있는 카드 값도 해당된다.

셋째, 자신이 얼마나 벌고 있는지 알아야 한다. 부족하다면 더 벌 수 있는 방법도 찾아야 하다. 수입현황이라고 하자.

넷째, 돈이 유통되는 경로를 알고 있어야 한다. 당장 돈이 없어도 경제공부를 꾸준히 해야 투자를 하든 재테크를 하든 스스로 정할 수 있다.

누구나 힘든 현실은 외면하려는 경향이 있다. 자산현황, 대출현황, 수입현황, 꾸준한 경제공부 등 이 4가지를 파악하지 못하는 사람은 '수입은 뻔하고, 돈 나갈 데는 너무 많고, 내가 관리할 돈이 어디 있나.'라고 생각할 것이다. 이런 생각으로는 평생 돈의 노예를 벗어나지 못한다. 늘 돈을 쫓아다니기 바쁘다. 돈이 붙게 만들려면 돈이 들어오는, 즉 자산이 쌓이는 구조를 먼저 만들어야 한다. 그러기 위해서는 현재 상황 파악이 제일 먼저다. 집을 지으려면 땅 모양과 크기를 알아야 하는 것과 같은 이치이다. 얼마가 되었든 꼭 자신의 재무 상태를 꼼꼼히 보기 바란다.

자산현황 체크

구분	수입	고정지출	대출/카드	여유자금
금액				

* 매달 조금씩 달라진다면 3개월 평균을 적어보도록 한다.

과소비까지는 아니더라도 꼭 필요한 소비를 하고 있는지 물으면 '그렇다'고 대답할 수 있는 사람이 많지 않다. 현재 투자공부 채널을 운영하고, 책도 여러 권 냈지만 나 또한 돈 쓰는 것이 겁날 때가 있다. 그래서 내가 정한 소비의 기준은 '미래지향적인가?'이다.

살아가는 일은 다가오는 것들을 지나 보내는 일이기 때문에 지나간 것에 돈을 쓰는 것은 그야말로 소비이고, 미래를 위한 일에 돈을 쓰는 것은 투자에 가깝다. 가령 똑같은 외식비를 써도 늦게 들어왔기 때문에 귀찮아서 배달음식을 먹는 것과 내일 일정 때문에 체력을 아끼기 위해 배달음식을 먹는 것은 의미가 다르다. 보이지 않게 새어나가는 돈은 상당 부분 귀찮음이나 보상 같은 심리적 요인이 많다. 심리적 유혹에 굳건해져야 돈을 지킬 수 있다. 흔히 돈에 발이 달렸다고 하는데 맞는 말이다. 내가 쓰는 것이지 남이 쓰는 게 아니다.

이렇게 돈을 쓰기에 앞서 왜 써야 하는지 잠깐이라도 생각할 수 있게 기준을 세우면 불필요한 소비를 조금이나마 줄일 수 있다.

'유근용의 투자공부' 회원 가운데 20대 여성 한 분이 기억에 남는다. 그 여성은 '간헐적 다이어트'를 소비의 기준으로 삼고 있었다. 꼭 다이어트를 하지 않아도 될 정도의 평균 체형인데 간헐적 다이어트를 하는 것은 그만큼 아낄 수 있기 때문이라고 했다. 간헐적 다이어트라는 명분 때문에 외식이나 모임을 피할 수 있고, 그만큼 식비나 모든 것이 절약된다는 것이다. 무조건 돈을 아껴야 한다고 생각하면 스트레스지만 다이어트 중이라고 스스로에게 명분을 주면 스트레스가 아닌 도달해야 하는 목표가 된다는 것이다. 이처럼 돈을 아끼기 위해서는 동기부여가 될 만한 명분, 자기 논리를 세우는 것도 좋은 방법이다.

앞에서 4가지 요소에 맞춰 자산을 파악하는 것은 도화지 크기를 아는 것에 불과하다. 자신이 도화지에 무엇을 그려 넣고 있는지 파악하려면 구체적인 점검표가 필요할 것이다. 다음의 빈칸을 채우다 보면 얼마나 많은 돈을 흘려보내고 있는지, 모으고 있는지 알 수 있다.

지출현황 체크

월 소득			원
소모성 지출	금액	대비성 지출	금액
식비 (외식비, 간식비 포함)		예·적금	
주거비(임대료, 냉난방비, 전기세, 관리비 등)		대출상환	
생활용품 (세제, 휴지, 소모품 등)		보험	
통신비 (인터넷, OTT 등)		연금	
교통비(대중교통비, 차량할부 금, 주유대, 공유차량 임대비 등)			
공과금(택배비, 주민세, 국민건강보험료, 대출이자 등)			
의류비			
여가비(여행, 영화, 도서, 게임, 취미생활 등)			
의료비(병원비, 약값)			
미용비 (헤어, 네일, 시술 포함)			
돌발성지출 (경조사, 모임, 행사, 이벤트 등)			
기타			

소모성 지출은 그야말로 사라지는 돈을 의미한다. 카페에서 음료 한 잔 마시는 것은 4,500원, 10잔을 마시면 4만5천 원, 이는 투자공부를 위한 책 두세 권을 살 수 있는 돈이다. 의류비에 해당하는 신발이나 모자, 가방 등을 생각해 보자. 남는 건 옷이라고 우길 수도 있는데, 명품이 아닌 이상 유행 지나거나 헤지면 의류수거함 행이다. 기분전환용이나 과시하기 위한 옷보다는 행사용 정장 한 벌이 더 필요할 수 있다. 갑작스럽게 비즈니스 미팅이 생겼는데 옷장에 청바지와 야구모자밖에 없다고 생각해 보라. 미래지향적으로 돈을 써야 한다는 것은 이런 의미다. 스쳐 지나가는 것들에 쓰는 돈이 얼마나 되는지 점검할 필요가 있다.

대부분 신용카드나 체크카드를 많이 쓰기 때문에 신경도 쓰지 않고 얼마 썼는지 대충 확인하고 넘기는 경우가 많다. 그러다 보면 어느 순간 언제부터인지 모르게 매달 신용카드 결제액은 늘어나 있고, 월급이 통장을 스치고 지나간다. 손으로 꼭 적어 봐야 한다. 스마트폰 화면에서 카드사의 명세서를 보는 것과 내 손으로 외식비 10만 원, 신발값 20만 원을 적는 것은 느낌이 다르다. 수입에 비해 적절하게 지출하고 있는지, 과도하게 지출하는지 적어 보면 현실감 있게 다가온다.

대비성 지출은 없어지는 돈이 아닌 경우를 일컫는다. 이번 달 통장에서 나가는 돈이기는 하지만 일정 기간 이후에 다시 돌아오는 돈을 대비성 지출로 분류한다. 3년 만기 정기적금, 보장성 보험, 펀드나 주식 등 만약의 경우를 대비하기 위해 따로 지출하는 항목들이 이에 해당한다.

표를 따라 빈칸을 하나씩 쓰다 보면 헷갈릴 때가 있다. 국민 건강보험료는 사회보장보험이기 때문에 대비는 되지만 병원에 가지 않는 한 돌려받는 돈이 아니라서 나의 경우 소모성 지출로 분류하고 있다. 또 어떤 사람은 대비성 지출이라고 생각할 것이다. 항목이 어디에 속하는지 알려고 적어 보라는 것이 아니다. 내 자산의 전체 흐름을 파악하는 의미에서 적으라는 것이다.

수입과 소비를 구분해서 꾸준히 적다 보면 평소 알지 못했던 자기 자신의 모습을 발견하게 된다. 미래 대비를 전혀 안 하는 사람, 매번 늑장을 부려서 교통비가 많이 드는 사람, 밥 먹자고 친구를 자꾸 불러내는 사람 등등. 성향을 벗어나는 지출은 없다.

자기 자신을 아는 것은 매우 중요하다. 가령 수입에 비해 지출이 커서 투잡으로 스마트스토어를 시작한다고 상상해 보자. 먹는 것에 돈을 많이 쓴 사람은 간식을 아이템으로 발굴하기 쉽다. 의류에 지출을 많이 한 사람은 옷을 아이템으로 삼을지도 모른다. 돈이 흘러나가는 속성은 바로 그 사람의 자화상이라고 할 수 있다. 메타인지가 중요하다는데, 재무플래너를 쓰는 것보다 더 빠른 메타인지가 있을까 싶다. 이 책의 부록으로 제공하는 재무플래너를 잘 활용해 보기 바란다.

[2]

스몰 스텝을 위한 머니 센서

세 줄 요약

☑ 조각 투자 같은 새로운 기술이나 정보를 빨리 습득하라.

☑ 접속만 해도 생기는 포인트나 캐시백을 무시하지 마라.

☑ 금융 환경에 익숙해져라.

서비스 산업이 고도로 발달한 사회에 살면서 돈 안 쓰고 살기는 어렵다. 알뜰살뜰 모으는 재미도 있지만 씀씀이를 계속 줄여나가는 데에도 한계는 있다. 당장 투잡을 하고 싶어도 여의치 않고, 시드머니가 부족해서 투자를 시작하기 어려울 수도 있다. 게다가 자고 일어나면 새로운 정보들이 쏟아진다. 정보가 쏟아지는 만큼 돈을 버는 사람도 많이 보인다. 그들은 어떻게 돈을 벌까? 돈이 붙는 사람의 두 번째 특징은 새로운 기술이나 정보를 빨리 얻는다는 것이다.

조각 투자

커피 한 잔 값으로 건물주가 된다는 뉴스를 본 적이 있을 것이다. 오피스텔이나 호텔 같은 고가 부동산은 일반인이 투자하기 어려운 분야인데 소액 단위로 분할하고 증권화해 주식처럼 사고팔 수 있는 투자법이다.

'소유'라는 어플에서는 부동산 지분을 1인당 5천 원부터 최고 2천만 원까지 거래할 수 있다. 투자금액은 본인이 정할 수 있고, 주식처럼 사고팔 수 있어서 자금 변동성이 잦은 20, 30대들의 많은 관심을 받고 있다.

'소유'에서 취급하는 부동산은 일반 주거용이 아닌 상업용 부동산이다. 상업용 건물은 임대 수익을 목적으로 하기 때문에 용도와 상권에 따라 수익성 판단이 용이한 편이다. 무엇보다 적은 돈으로 상업용 부동산에 대한 자신의 투자 성향이나 판단력을 실험해 보기 좋다.

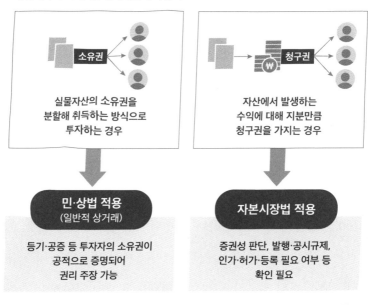

조각 투자 등 신종증권 가이드라인

조각 투자란? 2인 이상의 투자자가 실물 및 그밖에 재산적 가치가 있는 권리를 분할한 청구권에 투자·거래하는 등의 신종 투자 형태

소유권

실물자산의 소유권을
분할해 취득하는 방식으로
투자하는 경우

청구권

자산에서 발생하는
수익에 대해 지분만큼
청구권을 가지는 경우

민·상법 적용
(일반적 상거래)

등기·공증 등 투자자의 소유권이
공적으로 증명되어
권리 주장 가능

자본시장법 적용

증권성 판단, 발행·공시규제,
인가·허가·등록 필요 여부 등
확인 필요

자료: 금융위원회

2022년 6월에 '소유'의 첫 부동산 투자 공모가 있었는데 '개시 2시간 51분 만에 투자자 4,054명이 몰려 106만 주(53억 원)에 해당하는 물량이 모두 팔려 나갔다'고 업체 측에서 밝힌 바 있다. 1주당 공모가는 5천 원이었다. 커피 한 잔 값으로 할 수 있는 부동산 조각 투자에 수천 명이 몰린 것이다. 업체 측에서

홍보하는 것처럼 건물주가 되는 것은 아니지만 상당히 신선한 투자 방식임은 부인할 수 없겠다.

근래 조각 투자는 건물에만 국한되지 않고 그림, 예술작품, 음원, 한우 등 다양한 부분에서 이뤄지고 있다. 하지만 예금보호자법에 의해 보호받을 수 있는 예금보호상품이 아니기 때문에 손실이 생기기도 한다. 다행히 2023년부터 혁신금융서비스에 조각 투자 상품을 증권거래소에서 거래할 수 있도록 지정하면서 보호받는 장치가 생겼다.

5천 원에 건물주가 된다면 100억 원짜리 건물에 소유주만 200만 명이 등록되어야 하니 실제 등기상 소유주에 이름을 올리는 것은 거의 불가능에 가깝다. 위 표에서 보듯이 수익에 대해 지분만큼의 청구권을 가지는 형태를 띠는데 이렇게 되면 자본시장법의 적용 대상이다. 지금까지는 민간에서 펀딩형으로 투자자를 모았던 부동산 조각 투자가 혁신금융서비스로 지정되어 투자자 보호를 시작했다. 현재 카사코리아, 한국토지신탁, 한국자산신탁, 신영부동산신탁, 대신자산신탁이 인정을 받았다. 부동산 조각 투자에 관심이 있다면 이 4군데에서 실행하는 투자 상품에 투자하는 것이 그나마 안전한 편이다.

매일 5천 원씩 커피 마시고 싶은 순간에 건물에 투자한다면

1년 뒤 어떤 일이 벌어질까? 카사코리아의 대표 공모 상품인 '역삼 한국기술센터' 21층은 지난 2021년 9월 공모를 시작해 2022년 4월 매각이 완료됐고 누적수익률은 12.24%를 기록했다. 2020년 11월 카사코리아의 첫 번째 상장 건물인 역삼 런던빌은 101억 8천만 원의 공모금액이 모였고 2022년 11월 매각을 완료해 투자자에게 14.76%의 수익을 안겼다. 1년 내에 10% 이상의 수익을 올리는 것은 주식이나 부동산에서는 시장이 심하게 요동칠 때 가능하고, 저축 상품에서는 거의 찾을 수 없다고 봐야 한다.

많은 사람들이 조각 투자에 관심을 보이는 것은 적은 돈으로 부동산 투자를 경험하고, 수익까지 얻을 수 있어서이다. 갓 사회생활을 시작한 평범한 개인이 직접 강남의 빌딩을 매입해서 수익을 내고 매각하기란 매우 어려운 일이다. 매입할 수 있다고 해도 매각해서 수익을 내기는 더 어렵다. 조각 투자 방식은 투자공부 측면에서 관심을 가져볼 만한 부분이다.

부동산뿐만 아니라 주식도 직접 투자하지 않고 조각 투자가 가능하다. 일명 소수점 주식이라고 하는데 1주 가격이 너무 비싸서 투자하고 싶어도 엄두가 나지 않는 주식에도 접근할 수 있게 해준다. 토스증권이나 카카오페이 증권 등 소수점 주식을 거래할 수 있는 증권사에 계좌를 개설하면 0.001주, 0.1주 등 소수점 단위로 주식을 살 수 있다. 1주가 되지 않기 때문에 의결권을 행사하지 못하지만 사실 배당주가 아닌 이상에야 100주를 가지든 1천 주를 가지든 의결권을 행사하는 경우는 많지 않다. 보통 대주주의 경영권에 유의미한 행사를 할 때 필요할 뿐, 일반인의 관심사는 주식이 올라서 수익을 거두는 데 있을 뿐이다.

코인도 마찬가지이다. 비트코인 1개를 사려면 9천만 원에서 1억 원이 필요하다. 코인 전업 투자자가 아닌 이상 비트코인을 몇 개씩 사고팔면서 수익을 내기란 어렵다. 코인 시장에서는 1억분의 1개까지 쪼개어 투자할 수 있다. 1만 원만 있어도 비트코인을 살 수 있는 것이다. 비트코인도 넓은 의미로 보면 조각 투자에 해당한다.

음원이나 미술품, 명품, 한우 등 비교적 개인이 혼자 사고팔기 어려운 부분에 조각 투자 플랫폼들이 생기고 있다. 이런 상품들에 투자할 때는 기초 자산에 해당하는 부동산이나 음원 미술품 등이 얼마나 투자가치가 있는지 공부하고 접근해야 하기 때문에 조심스럽긴 하다.

하지만 조각 투자라고 불리는 '토큰증권 발행'은 금융위원회에서 혁신금융으로 지정할 정도로 대중화의 길에 성큼 들어서고 있다. 이런 새로운 투자방식에 대한 공부와 이해도를 높여가야 한다. 그래야 남들이 다 하니까 우르르 따라가서 결국은 설거지하고 손해 보는 일을 면할 수 있다.

가끔 세뱃돈이나 졸업 입학 축하금으로 삼성전자 주식을 받았는데 잊고 있다가 열어보니 목돈이 되어 있더라는 글을 볼 때가 있다. 삼성전자 1주를 10년 전에 샀으면 3배, 20년 전에 샀으면 7배 가량 뛰었다고 한다. 왜 그때 삼성전자 주식을 안 샀냐고 부모를 원망할 필요도 없다. 수십년 전에 주식투자는 현재의 조각 투자처럼 생소하고 진입장벽이 있는 재테크였을 것이다. 은행 저축만이 돈을 모으는 길이라고 믿고 살았던 분이 많았다.

돈은 과거를 회상하는 데에는 아무 소용이 없고 무조건 미래형이다. 앞으로 오를 가치가 있는 곳에 투자하는 것이다. 조각 투자는 지금은 생소하지만 10년 20년 뒤 얼마나 활성화되어 있을지 알 수 없다.

현재 '빌리크루'라는 소상공인 정산대금채권 조각 투자 플랫폼까지 나와 있을 만큼 곳곳에서 조각 투자가 성행 중이다. 소비자가 신용카드로 상품을 구매하면 판매자에게는 최소 3일 이상의 시간이 걸려 입금된다. 조금이라도 더 빨리 돈을 받고자

하는 판매자에게 빌리크루는 매출채권을 담보로 잡고 돈을 빌려준다. 일종의 어음 선할인 기능이다. 그렇게 빌려주고 수수료를 받는데 지금까지 수익률은 10%대라고 업체 측은 밝히고 있다. 추후에 스마트스토어를 운영하려는 사람에게는 필요한 정보다. 투자를 하든 사업을 하든 조각 투자는 알아둬야 할 개념이 되었다.

돈이 붙는 사람은 새로운 정보나 기술을 익히는 데에 두려움이 없다. 지나간 정보나 기술이 아니라 새로운 정보나 기술 말이다. 앞으로 발전해 나갈 토큰증권 시장은 관심있게 지켜볼 필요가 있다. 눈을 뜨면 투자할 곳 천지지만, 잘 모르면 그저 은행에 돈을 맡기는 정도에서 그치고 만다. 스마트한 생활은 SNS나 즐기는 데 쓰고, 금융은 할머니들이 장판 밑에 돈을 보관하는 수준보다 나을 것이 없다. 은행은 앞으로 돈에 이자를 붙여주는 게 아니라 보관해주는 대가를 받을지 모른다는 전망은 이미 오래 전부터 있었다. 은행에 돈을 맡기는 것은 보관의 의미이지 투자의 의미는 아니다.

앱테크

하고 싶어도 당장 돈이 없다면 캐시백이라도 모아야 하지 않겠나. '앱테크'라고 검색하면 각종 사업체나 어플에서 제공하고 있는 캐시백이 수도 없이 뜬다. 보상형 플랫폼이라고 총칭하는데 각 지역 화폐, 탄소배출 적립금 등 공공 보상형부터, 광고를 보면 캐시백해 주는 리워드 플랫폼까지 무척 다양하다.

전 세대를 아울러 가장 활발하게 활용되고 있는 캐시백 어플은 '캐시워크'이다. 걸을 때마다 포인트를 제공하고 일정 금액이 쌓이면 현금으로 환전할 수 있다. 하루 1만보 당 100원을 제공하고 있는데 하루가 지나면 소멸되기 때문에 그날 쌓은 포인트는 매일 적립 버튼을 눌러줘야 한다.

캐시워크처럼 건강과 연계한 포인트 제공도 있고, 라임처럼 설문조사에 응하면 포인트를 주는 어플도 있다. 영수증 인증을 하면 포인트를 주는 네이버플레이스 인증이나 롯데마트나 이마트 등의 마트 영수증 인증 포인트도 있다.

이러한 각종 포인트들을 잘 활용하는 것은 현금으로 따지면 큰돈은 아니다. 하지만 본인의 금융마인드를 확인하고 개선시켜 나가는 계기는 충분히 된다. 또한 각 어플들이 포인트나 캐시백을 제공하는 이유를 분석해 보면 비즈니스 흐름과 소비자의 욕구를 읽을 수 있어서 공부가 된다.

마트와 연계된 '라임'의 설문조사를 한번 보자.

라임 설문조사 문항 예시

질문

여러분이 '나를 위한 소비'라고 했을 때 가장 먼저 떠오르는 것은 무엇인가요?

2024. 02. 19 ~ 2024.02.29.   L-PONT 2P

- 🔘 내 생활을 편리하게 하는 생활용품에 대한 소비
- 🔘 먹는 즐거움이 있는 식료품에 대한 소비
- 🔘 평상시 구매하기 힘들었던 럭셔리/명품에 대한 소비
- 🔘 일상에서 탈출하는 여행 또는 경험에 대한 소비

2P의 L포인트를 지급하는 데에는 다 이유가 있다. 소비자의 생각을 읽어내기 위해서이다. 소비자가 어떤 물품을 왜 구매하는지 자신들만의 빅데이터를 만들고 이를 제품 개발이나 홍보, 미래 사업에 활용하기 위해서이다. 공짜로 주는 게 아니다

초개인화 사회로 갈수록 개인의 정보는 곧 돈이 된다. 50대의

A씨는 스마트폰 제조회사에서 제공하는 캐시워크를 이용하지 않는다. 나이와 주소 같은 개인정보를 이미 스마트폰을 구입할 때 제공했는데 하루에 얼마나 걷는지까지 제공하면 자신의 미래 유병률을 예측할 수 있고, 이는 그 회사와 연계된 보험회사 등에 빅데이터로 축적되지 않겠냐는 생각이다. 하루 100원에 자기 정보를 자기도 모르는 새에 제공한다는 것이다.

선택은 자유지만 이런 이야기를 알아야 하는 까닭은 단 하나다. 세상이 어떻게 돌아가는지 알아야 돈의 행방을 알아낼 수 있기 때문이다. 20대는 놀기 좋은 나이, 즐기기 좋은 나이지만 공부하기에도 좋은 나이다. 그전까지는 학교나 부모님이 정해 준 공부를 하기 싫어도 할 수밖에 없었다. 이제는 내가 좋아하는 것을 공부할 수 있다. 돈에 대해 알고 싶으면 투자공부를 할 수도 있고, 장사 공부를 할 수도 있다.

월급을 받는다고 해서 사장이 될 수 없는 것은 아니다. 내가 번 돈의 주인은 나고, 그것을 경영자 관점에서 어떻게 늘려나갈 지 고민하면 그게 사장이다. 손실이 생기면 복구할 방법에 대해 공부하고 고민할 수 있다. 결혼해서 가족 구성원이 생기면 돈을 모으기보다 쓰기 바빠진다. 내가 모은 돈이 내 돈이 아닌 것이다. 그 전에 금융마인드를 구축해 두는 것이 머니 센서를 다는 일이다.

결혼하지 않고 가족이 없다고 해도 마찬가지다. 가족이 없다는 것은 내 나이가 80세가 되고 90세가 되었을 때 나를 돌봐 줄 퍼스널 시스템이 없다는 뜻이다. 그때는 내 돈이 나의 시스템이 될 수밖에 없다.

돈은 시간에 대한 대가를 지불한다. 하루 8시간 일하니 그만큼 돈을 지불한다. 20년 전에 태어나면서부터 주식을 받아뒀으면 지금 그 돈으로 뭔가를 해볼 수 있을 것이다. 그러니 앞으로 20년 후의 내 모습에 대해 상상해야 한다. 포트폴리오는 디자인 전공자에게나 필요한 것이 아니다. 누구나 자기 인생의 포트폴리오를 그릴 자세는 최소한 되어 있어야 한다.

[3]

모르면 당하는 은행 사용법

세 줄 요약

☑ 주거래 은행을 정하라.

☑ 은행에서 권하는 상품이 다 좋은 상품은 아니다.

☑ 은행을 투자전문 기관이 아니라 대출전문 기관으로 대하라.

대부분 급여를 받기 시작하면 은행 거래를 본격적으로 하기 시작한다. 입사하면 회사에서 정한 은행에 급여 계좌를 개설하라고 한다. 급여 계좌를 개설하고 나면 해당 은행에서도 각종 적금이나 연금, 저축, 보험 같은 것을 권유한다. 급여이체를 받는 계좌가 주거래 은행이 되는 경우가 대부분이다. 이때부터 정신 바짝 차리고 은행이 취급하는 상품에 대해 알아둬야지 고객

대접을 받지, 아니면 호구 잡히기 십상이다. 돈이 붙는 사람은 은행 상품을 잘 활용한다.

은행에서 취급하는 상품은 크게 돈을 모으고, 빌리고, 투자하는 것, 이 세 가지로 분류할 수 있다. 돈을 모으는 상품으로는 정기예·적금, 비정기예·적금, 입출금 계좌, 각종 청약통장 등이 있다. 빌리는 상품으로는 담보대출과 신용대출이 있고, 은행에서 판매하는 금융투자 상품은 펀드(집합투자증권), ISA(개인종합자산관리계좌), 신탁상품(금융투자 상품운용) 등이 있다.

주거래 은행

은행은 일반인에게 가장 친숙한 금융기관이다. 돈을 맡기고 빌리는 정도면 되지 꼭 은행에 대해 알아야 할까? 그리고 주거래 은행이 꼭 필요할까?

온라인 쇼핑몰처럼 생각하면 주거래 은행이 왜 필요한지 알 수 있다. 주거래 쇼핑몰을 정해서 꾸준히 이용하면 각종 쿠폰을 제공해서 같은 물건을 타사보다 저렴한 가격에 구입할 수 있고, 저장된 주소 목록으로 배송도 편리하게 이용할 수 있다. VIP 고객으로 등극하면 각종 이벤트 혜택도 적지 않다.

은행의 운영 원리도 이같은 온라인 쇼핑몰과 똑같다. 주거래 은행에서는 금리를 0.1포인트라도 더 높게 쳐주거나, 대출받을 때에도 유리하다. 모바일 뱅킹이 주를 이루고, '핀다' 같은 대출 비교 플랫폼까지 있는데 주거래 은행의 필요성을 크게 느끼지 못할 수도 있다.

주거래 은행이 위력을 발휘하는 부분은 저축보다는 사실 대출에 있다. 요즘은 어딜 가나 DSR이나 LTD 같은 대출 규제 항목이 있다. 수입에 비해 대출이 과다하면 집을 산다고 해도 더 이상 대출해 주지 않는다. 주거래은행에서는 이런 경우에 자사 상품 내에서 최대한 방법을 찾아준다. 개인사업자라면 신용보증기금이나 신용보증재단 활용에 대해서도 안내해 준다.

서민 대부분이 대출로 집과 차를 사고 이자를 낸다. 이자율이 0.5포인트만 낮아져도 지출 단위가 달라진다. 만약 10억 원의 아파트를 사기 위해 대출규제 한도 60%인 6억 원을 대출받는다고 해보자. 시중은행 평균 연 이자 6%를 적용하면 연 3천600만 원, 매달 300만 원을 이자로 내야 한다. 급여이체를 하면 0.3, 예·적금 불입 시 0.2, 공과금 자동이체로 0.1, 주택청약 통장 개설 시 0.1, 해당은행 카드 일정 금액 이용 시 0.2, 주거래 우대 금리 0.2 합해서 총 1.1%를 감면받아 4.9% 이자를 낸다면 월 이자는 245만 원으로 줄어들어 매달 55만 원을 아낄 수 있다. 주거래 은행에서 대출받을 경우 이렇게 달라진다.

주거래 은행의 요건은 그리 높지 않다. 장기간 꾸준히 급여 이체나 공과금 이체, 카드 사용 실적 등으로 거래 요건을 채우면 된다. 수입과 지출을 주거래 통장을 통해 관리하는 것이 전부다. 돈을 모으려면 은행에서 취급하는 상품을 잘 알고 활용할 줄 알아야 한다.

연금 상품

조심해야 할 것은 은행 창구에서 권하는 상품이 다 나에게 이득이 되는 것은 아니라는 점이다. 연금저축을 예로 들어 보자. 급여이체를 하면 은행에서는 꼭 권하는 상품이 바로 연금저축이다. 연금저축은 연말정산이나 종합소득신고 시 세액공제 혜택을 부여하고, 연금 수령 시 연금소득세를 부과하는 상품이다.

연금저축 세제혜택

종합소득과세표준	총급여액	세액공제한도	공제율
4천500만 원 이하	5천500만 원 이하	600만 원	16.5%
4천500만 원 초과	5천500만 원 초과		13.2%

　매월 50만 원씩 납입해서 연 600만 원을 채우고 99만 원의 세제혜택을 받는다고 생각하면 대표적인 절세상품으로 가입할 필요성을 느낀다. 하지만 연금저축은 만 55세 전에 중도 해지하면 세금이 부과된다. 연금을 개시하기 전 적립한 금액을 일부라도 인출한다면, 세액공제 받은 적립금과 운용 수익에 대한 기타소득세 16.5%를 내야 한다.

　급여생활을 시작한 지 얼마 되지 않은 사회초년생이 55세까지 이 절세상품을 유지할 가능성은 얼마나 될까. 연금저축에 넣어둔 돈이 필요한 날이 생길지도 모른다. 내가 부은 돈인데 중도에 해지하면 16.5%를 세금으로 내고 받아야 한다. 물론 연말정산이나 종합소득세 신고 등으로 세제혜택을 받은 경우에 해당된다고 하지만 조삼모사다. 대한민국에서 정상적인 소득생활자라면 매년 연말정산과 종합소득세 신고를 해야 하니, 결론적으로는 중도 해지 시 16.5% 손해라는 소리다. 그럼에도 불구하고 은행에서는 대표적인 절세상품이라고 가입을 권유한다. 혹은 가입하면 대출할 때 이자 감면 혜택이 있다고 유혹하기도 한다.

첫 급여를 받는 시점을 20대 중후반이라고 한다면 55세까지 거의 30여 년을 연금저축에 손을 대면 안 된다는 뜻이다. 손을 대도 되는데 손대는 순간 손해를 본다! 연금저축에 월 50만 원씩 불입할 자금이 있다면 차라리 그 돈으로 조금 더 적극적인 주식 펀드를 시작해 보는 것이 더 나을지도 모른다. 개그우먼 송은이 씨가 월급 20만 원을 받던 1993년에 개설한 연금저축 이자는 20%대였고, 지금도 유지하고 있다고 방송에서 언급한 적이 있었다. 30년 동안 연금저축을 유지하는 게 너무 희귀한 경우라서 그 자리에 모인 사람들이 다 놀라워했다. 이 정도는 되어야 연금저축을 유지하는 의의가 생긴다.

은행에서 취급하는 상품에 대해 잘 알지 못한 채 창구 직원이 권유하는 대로 가입해서 낭패를 보는 것은 연금저축뿐만이 아니다. 은행은 저축과 대출 상품만 취급하는 게 아니라 투자 상품도 판매한다. 투자 상품을 저축 상품인 줄 알고 돈을 맡겨 큰 손실을 입기도 한다.

대표적인 경우가 '홍콩H지수 연계 ELS 상품 판매' 파동이었다. 은행 직원이 권했고 원금 손실 가능성이 거의 없다는 말에 전체 가입자가 15만 명 이상, 19조 3천억 원이나 판매되었다. 2024년 현재 홍콩H지수는 5000 언저리를 오르내리고 있다. 문제가 된 '홍콩H지수 연계 ELS 상품'은 홍콩H지수 12000을 찍을 때 연계된 파생투자 상품이다. 홍콩H지수는 홍콩 증시에 상장된 중국 기업 가운데 시가총액과 거래량이 높은 상위 50개 기업의 주가를 기반으로 산출되어 변동성이 매우 크다. 중국의 대형 부동산 기업이 주택시장 부진으로 2021년 고점 대비 90% 이상 주가가 하락하면서 H지수도 덩달아 급락했다.

이번에 문제가 된 상품은 고점 대비 지수가 특정 수준 이상 하락하면 손실을 보는 구조로 설계되어 있다. 주가지수 3개를 기초자산^{Underlying Asset}으로 연계해, 그 중에서 가장 낮은 수익률을 기록하는 주가지수의 수익률에 따라 ELS의 수익률이 결정된다. 따라서 매우 위험이 큰 상품이다. 홍콩^{HSCEI}지수는 변동성이 매우 큰 지수지만 ELS의 기초자산으로 편입되었기에 ELS에서 지급하는 쿠폰수익률이 상대적으로 높았던 것이다. 도대체 왜 하필이면 홍콩H지수에 연계된 파생금융상품을 믿을만한 시중은행에서 동시다발적으로 판매한 것일까? H지수의 변동성이 매우 높기 때문에 H지수를 편입함으로써 ELS수익률이 높게 책정될 수 있고, 이는 투자자들에게 매력적으로 보였을 것이다. 하지만 H지수의 위험성은 잘 몰랐기 때문에 손해를 볼 수밖에 없었다.

ELS^{Equity Linked Securities}는 안정적인 예·적금 상품이 아니다. 주가연계 증권이다. 주식시장의 오르내림을 기반으로 투자하는 상품이다. 2년이나 3년 일정 기간을 만기로 정하고 그때까지 조건을 만족시키면 정해진 수익률을 지급한다. 지수가 5000으로 내려올 것을 예상하는 개인은 없어도 상품은 지수 5000, 그 이하 경우까지 설계되어 판매된다. 증권회사 직원들조차 개인적으로는 파생상품 투자는 꺼릴 정도로 위험한 투자구조를 가지고 있는 상품이 은행 창구에서 대거 판매된 것이다. 불완전 판매냐, 완전판매냐를 두고 개인, 은행, 금융당국의 입장이 엇갈리지만 지금 그게 무슨 소용 있을까. 어차피 투자금은 다 날아가 버렸다.

은행 창구에서 판매하는 상품은 예·적금과 같은 안정적인 상품, ELS 같은 주가연계 투자 상품, 만기환급형 방카슈랑스 보험상품 등 무척 다양하다. 은행이 취급하는 상품에 대해 최소한 원금이 보장되고 이자를 주는 안정적인 상품이지, 원금은 보장되지 않지만 고위험을 감수하는 만큼 수익률을 기대해 볼 만한 투자 상품인지 정도는 알고 있어야 한다.

적극적으로 돈을 불리고 싶다면 공부를 토대로 투자에 직접 도전해 보는 것이 바람직하다. 그래야 책임을 누군가에게 전가시키지 않고, 자기 경험이 생겨 자신감이 붙는다.

절세상품

연말정산 시즌이 되면 신문이나 방송에서 절세 방법과 절세 상품에 대한 뉴스를 많이 내보낸다. 13월의 보너스니, 절세 못하면 호구니 하면서 마음을 불안하게 만든다. 사실 절세도 내야 할 세금이 많을 때 유효한 것이지 빠듯한 월급 생활자에게는 크게 와 닿지 않는 경우가 많다.

소득공제가 되기 때문에 절세상품이라고 하는데, 소득공제는 내가 낸 세금을 그대로 돌려준다는 의미가 아니다. 소득공제란 세금을 부과하기 위한 과세표준을 정하기 위해 전체 급여나 소득에서 법으로 정한 각종 명목에 해당하는 금액을 빼는 것이다. 한해 연봉이 5천만 원이고 소득공제를 하고 나니 3천만 원이 되었다고 치자. 그러면 5천만 원을 과세표준으로 잡는 게 아니라 3천만 원을 과세표준으로 잡아서 세금을 부과한다. 은행이나 증권회사에서 절세상품이라고 권하는 상품들이 모두 이 소득공제 효과를 보는 상품들이다. 혹은 만기 시 내는 세금을 감면해 주는 비과세 상품이다.

소득공제 항목은 신용카드 사용 금액, 병원비, 교육비 등 다양하다. 현재 과세표준 구간은 1천400만 원부터 5천만 원까지는 한 구간으로 15% 세금을 부과한다. 소득공제를 받아서 1천400만 원 소득이든 5천만 원 소득이든 내는 세금 구간이 달라지는 것은 아니다. 굳이 세금을 감면받겠다고 가입할 필요가 없는 것이다. 그러나 연봉이 1억 원이 넘어서 5천만 원 구간으로 들어가야 한다면 필요하다. 20대 중반에 직장생활을 시작해서 연봉 1억 원을 받는 경우는 고소득 전문직이 아닌 이상 드물다. 절세상품은 고소득 전문직을 위해 나온 상품이라고 해도 과히 틀린 말은 아니다.

대표적인 절세상품이라는 ISA를 살펴보자. ISA란 개인종합자산관리계좌Individual Savings Account를 줄인 말로, 예·적금, 주식 등 다양한 금융상품에 투자하면서 절세 혜택까지 누릴 수 있는 계좌다. 만 19세 이상 국내 거주자 또는 직전 연도 근로소득이 있는 만 15세 이상 국내 거주자라면 누구나 가입할 수 있다. 의무 가입 기간은 최소 3년으로, 연간 최대 2천만 원 한도로 최대 1억 원까지 입금할 수 있으며, 만기는 최장 2년까지 연장할 수 있다.

사회초년생이 연간 최대 2천만 원을 ISA 계좌에 넣을 수 있다면 굳이 절세통장을 이용할 필요가 있을까? 그 돈으로 적극적이고 공격적인 투자를 하는 편이 낫다고 확신한다. 더 나이 들면 공격적인 투자는 엄두가 안 날 테니까.

ISA도 투자 상품이다. 투자 방식에 따라 중개형, 신탁형, 일임형으로 구분해서 증권사나 은행에 투자를 맡기는 것이다. 직접 투자하는 게 아니다. ISA는 모든 금융기관을 통틀어 한 사람 당 단 1개만 개설할 수 있다. 신탁형과 일임형은 증권사 은행 두 군데 어디에나 계좌를 개설할 수 있지만, 중개형은 증권사에만 개설할 수 있다.

주식이나 채권에 투자하고 싶다면 중개형, 예·적금 투자를 원한다면 신탁형, 전문가에게 일임하여 포트폴리오대로 운용하길 원한다면 일임형을 선택하면 된다. ISA는 주식은 물론 이자, 배당소득 등 발생하는 모든 수익에 대해 최대 400만 원까지 비과세 혜택을 준다.

총급여 5천만 원 이하 혹은 종합소득 3천500만 원 이하 구간에 들어간 사람인데 ISA 계좌로 500만 원 수익을 올렸다고 하면 400만 원까지는 세금이 없지만 400만 원을 뺀 100만 원은 9.9% 세금을 내야 한다. 기간은 3년인데 중도 해지하면 투자 수익과 손실에 상관없이 해지 시점에서 돈을 돌려받으며, 이는 과세에 해당한다.

처음 재무관리를 해보면 비과세와 소득공제도 구분하지 못하는 경우가 있다. 비과세는 금융 소득에 대해 세금을 부과하지 않는 것이고, 소득공제는 총소득액에서 소득공제 금액을 빼고 세금을 부과하는 것이다. '소득공제 시 세금을 돌려받는다'는 것은 연말정산했을 때 1년 동안 내가 낸 세금이 내야 할 세금보다 많다면 국세청에서 차액만큼 돌려주기 때문에 세금을 돌려받는다고 하는 것이다. 13월의 보너스라고 하는 연말정산 환급액이 많다고 마냥 좋아할 일만은 아니다. 그만큼 많이 썼다는 뜻이다. 소모성이든 대비성이든 지출이 많았고 세금을 많이 냈기 때문에 돌려받는 것이다.

일반형 ISA 계좌로 연간 600만 원 수익을 냈다면 200만 원까지만 비과세이다. 서민형이나 농어민형이어야지 400만 원까지 비과세된다. 일반형이라고 할 때 400만 원은 9.9%의 세금을 내므로 총 39.6만 원을 세금으로 낸다. 그리고 이는 연말정산이나 종합소득신고 때 소득공제를 받을 수 없다. 만약 이를 일반 주식계좌에서 낸 수익이라면 이자 및 배당소득의 과세 15.4%를 적용해 92.4만 원을 세금으로 내야 한다. 그래서 절세상품이라고 하는 것이다.

세제혜택

구분	ISA	일반계좌
방법	• 200만 원까지 비과세 • 200만 원 초과분 9.9% 분리과세	• 이자 및 배당소득 15.4% 과세 • 해당년도 금융소득 2천만 원 초과 시 금융소득종합과세
600만 원 소득 발생 시	39.6만 원 200만 원 비과세 / 400만 원 ×9.9% =39.6만 원 52.8만 원 절세	92.4만 원 600만 원 ×15.4% =92.4만 원

투자에 적극적일수록 ISA 계좌를 만능으로 여겨 파킹통장 대신 사용하는 경우가 많다. 파킹통장은 어떤 정확한 정의가 있는 것은 아니고, 수시로 입출금이 되면서도 금리가 높은 계좌를 말

한다. 은행에서 고금리를 받으려면 적금이나 정기예금처럼 장기간 돈이 묶이는 경우가 대부분이다. 하지만 파킹통장은 정기예금 수준의 높은 금리에 예금자보호까지 되는 계좌다. 인터넷은행이나 저축은행 등에서 고객 유치를 위해 출시되는 경우가 많다.

결론적으로 은행 상품은 내가 만족할 만한 시드머니를 모을 때까지 절세가 되는 상품과 이자가 높은 상품에 가입하는 것이 바람직하다. 은행 직원의 말만 믿고 덥석 가입하는 일이 없어야 하고, 자신의 자금 능력과 기간을 고려해 가입해야 한다.

또한 시드머니를 모았다고 해서 은행을 갈아타지는 말고 추후 대출 등에 대비해 꾸준히 실적을 유지하는 것이 좋다.

[4]
챙겨야 할 정부 혜택

세 줄 요약

☑ 정부가 청년에게만 주는 혜택을 놓치지 말자.

☑ 정부 정책도 옥석을 가릴 줄 알아야 한다.

☑ 시드머니를 모을 때는 정책 효과를 살펴라.

내가 군대생활에서 얻은 수확은 '독서'하는 기쁨 하나였다. 책이라고는 머리에 베고 잔 적도 없을 만큼 거리가 멀었는데 우연히 읽은 책 한 권을 통해 내게 숨겨진 다른 면을 발견하고 생각의 전환을 이뤄냈다. 나에게 군대란 고요한 시간의 한 토막 같았다. 스님들이 토굴에서 묵언 정진하는 시간을 갖고 깨달음을 얻는 것처럼 어떤 생각의 전환을 이룰 기회를 군대에서 얻은 것이다. 시간은 공평하게 주어지고, 의무는 누구나 피해 갈 수 없다. 누군가에게 군대는 마지못해 끌려가는 도살장이지만 현실이 지옥 같은 사람에게는 도피처가 되기도 한다.

이 시기는 내면적인 성장을 도모할 수 있을 뿐만 아니라 재정적인 측면에서는 1천500만 원에 가까운 돈을 시드머니로 만들 수 있는 기간이기도 하다. 20대 초중반 남성이 사회생활을 해도 1년 6개월 동안 1천500만 원은 정말 모으기 힘든 돈이다.

장병내일준비적금

'장병내일준비적금'이라는 지원정책이 있다. 가입대상은 현역병, 상근예비역, 의무경찰, 해양의무경찰, 의무소방원, 사회복무요원, 대체복무요원 등 병역의무를 이행하는 모든 청년들이다. 월 적립한도는 은행별로 20만 원부터 최대 40만 원까지이다. 15개월 이상 적립 기준으로 기본금리 5% 이상을 은행에서 제공한다. 정부에서는 병역의무 이행자가 전역(소집해제)으로 적금 만기 해지 시 지원금을 보태준다. 2024년 기준으로 직금 납입금의 은행이자(5%)에 추가하여 원금의 100%에 해당하는 매칭지원금을 지원해 주고 있다. 예를 들어 최대한도인 월 40만 원을 18개월 납입하면 원금은 720만 원이고, 은행이자 5%인 28.5만 원을 더하면 총 748.5만 원이 된다. 여기에 정부에서 매칭지원금이라는 명목으로 원금의 100%인 720만 원을 보태 준다. 그러면 만기 제대 시 1468.5만 원을 받을 수 있게 된다. 2024년 이병 급여는 634,800원이다. 급여에서 40만 원을 떼서 적금으로 모으면 제대 시 목돈을 손에 쥘 수 있다.

이를 위해서는 입영 전에 준비할 것이 있다. 반드시 적금을 가입할 두 군데 이상의 은행에 계좌를 개설하고 은행 앱을 설치해서 사전에 로그인 해둔다. 그다음 '나라사랑포털' 앱을 설치해 둔다. 가입자격확인서를 발급받아야 하기 때문인데 확인서는 입영 후에 발급받을 수 있다. 입영하고 나면 신병교육기관 교육 중 협약은행에서 부대에 방문해서 가입을 진행한다. 아니면 신병교육을 완료한 뒤 자대 배치를 받고 첫 휴가나 외출 시에 은행에 방문해서 가입하면 된다. 사회복무요원으로 근무한다면 온라인 사회복무포털에서 가입 신청을 한 후 가입자격확인서를 발급받아 은행을 방문하면 된다.

사정상 장병내일준비적금을 가입하지 못했다면 다른 복지정책을 찾아서 혜택을 받도록 하자. 다행스럽게도 청년들의 준비나 도약을 위해 기성세대들이 받지 못하는 여러 가지 혜택들이 준비되어 있다. 대표적인 것이 '청년내일채움공제'다.

청년내일채움공제

'청년내일채움공제'는 직장에 다니는 청년들이 적금을 납입하면 직장에서 그만큼, 또 정부에서 그만큼 더해준다. 400만 원을 납입하면 직장 400만 원, 정부 400만 원을 더해 총 1천200만 원을 받을 수 있었다. 2024년 현재 신규가입은 중단되었지만 다시 재개할 수도 있고, 한 번 생긴 복지는 이름을 바꿔 재출시되기도 한다. 따라서 정부 정책에 대해서는 잘 챙겨둘 필요가 있다.

2022년에는 '청년희망적금'이라는 정책이 나왔는데 2월과 3월에만 가입을 받고 사라졌다. 금리 우대에 세금 혜택까지 포함하여 연 금리로 환산하면 최고 10.49% 이자를 받는 비과세 상품이어서 출시되자마자 200만 명이 가입할 정도로 폭발적인 반응을 얻었다. 2022년 24개월 적금 평균 이자는 2.8·2.9%에 불과했다. 청년 혜택은 통상 만19세부터 만34세까지 받을 수 있어서 이 시기를 놓치지 않고 잘 활용하면 저축으로 시드머니를 모으는 것이 좀 더 유리할 수 있다.

청년도약계좌

현재는 '청년도약계좌'가 있다. 만19세에서 만34세까지만 가입할 수 있는 상품이다. 정책이 발표될 당시 10년 동안 납입하면 1억 원으로 돌려준다고 해서 '청년1억만들기통장'이라는 애칭까지 붙을 정도로 화제가 되었다. 이후 무슨 이유인지 모르겠지만 갑자기 5년 최대 70만 원까지 넣을 수 있도록 변경되었다. 소득이 적을수록 납입금액이 많을수록 유리하게 설계되었다고 홍보했으나 결론적으로는 70만 원짜리 적금이다. 시중은행에서도 최고 연 6%로 이자를 동결했다. 핵심은 정부가 이자만큼 정부기여금이라는 명목으로 이자를 얹어준다는 것이다. 이 또한 비과세 상품이어서 다른 저축 상품과는 차별점이 있다. 저소득층 청년들에게는 우대금리까지 제공하지만 소득이 없거나 소득금액증명이 되지 않는 사람은 가입할 수 없다. 최대한 일해서 돈을 모으려는 청년들에게 기회를 주려는 의도가 보인다.

개인소득 요건

총급여	종합소득	정부기여금	비과세
6천만 원 이하	4천800만 원 이하	O	O
7천500만 원 이하	6천300만 원 이하	X	O

이사틀 정부에서 더 주는 만큼 모든 청년이 다 해당되지는 않는다. 가구원 수에 따른 소득 기준이 중위 180% 이하 구간에 들어가야 한다. 가구원은 본인과 본인의 주민등록표 등본상 배우자, 부모, 자녀, 형제·자매(미성년자) 모두 포함된다.

2024년 중위소득 180% 월소득액

1인가구	4,011,201원	2인가구	6,628,696원
3인가구	8,486,383원	4인가구	10,313,843원
5인가구	12,052,323원	6인가구	13,713,064원

세제 혜택이 없는 일반 적금으로 비교할 경우 최대 10.19% 적금 상품에 가입한 것과 같은 효과가 있다. 청년희망적금을 놓친 경우라면 청년도약계좌가 대안이 될 수 있다.

실제 이 상품이 청년희망적금의 후속이라는 것을 증명이라도 하듯 청년희망적금과 연계되어 있다. 청년도약계좌에 가입하면서 청년희망적금 만기 수령금을 그대로 다시 넣으면 해당 이자는 즉시 준다.

청년도약계좌에 가입하기 전에 고민해야 할 것은 기간이다. 청년희망적금을 만기되어 찾을 수 있지만 다른 계좌로 넣을 경우에는 혜택이 사라진다. 중도에 해지해도 혜택은 사라진다. 청년희망적금의 기간 2년과 청년도약계좌의 기간 5년을 합하면 총 7년이다. 해지하지 않고 유지하기에는 무척 긴 시간이다. 28세에 시작하면 35세에 찾을 수 있는 내 돈이라고 생각하면 이자가 아무리 높아도 조금 고민해 볼 필요는 있을 것 같다. 금융환경이 급변하는 만큼 5년 혹은 7년이라는 긴 시간은 투자자의 눈으로 보았을 때 결코 짧은 시간이 아니다.

정부가 청년에게 주는 혜택은 공공재다. 따라서 정책의 변경이 있으면 언제든 생길 수도 있고 사라질 수도 있다. 반짝 혜택이라 할지라도 좋은 조건의 정책은 적극적으로 활용할 필요가 있고, 또 정말 좋은 조건인지 알아보는 지혜도 필요하다.

청년주택드림청약통장

부동산 가격이 가파르게 상승하고, 영끌로도 서울 시내에 아파트를 마련할 길이 요원해지자 청년들을 위한 전용 주택청약통장이 등장했다. '청년주택드림청약'은 만19세 이상 만34세 이하만 가입할 수 있다. 이자는 최대 4.5%로 연 소득은 5천만 원 이하 무주택자만 해당된다. 통장 납입금액은 월 100만 원이 한도이고 납입한 금액의 40%까지 소득공제 혜택이 있다.

이 통장의 장점은 주택청약에 당첨된 경우 청년주택드림 대출을 저리로 받을 수 있다는 데 있다. 1년 이상 기간에 1천만 원 이상 납입하면 자격이 주어지는데, 당첨될 경우 분양가의 80%까지 대출받을 수 있다. 금리는 최저 연 2.2%로 싸지만 주택 가격이 6억 원을 넘기면 대출받을 수 없다. 최장 40년까지 장기고정금리로 받을 수 있기 때문에 앞으로 금리가 계속 오른다는 가정 하에 한다면 혜택을 보는 상품이다. 앞으로 금리가 내릴 수도 있겠지만 대출 이자가 내려올 가능성은 적어 보인다. 결혼하면 0.1%, 출산하면 0.5%, 둘째를 낳게 되어 다자녀 가구가 되면 0.2%의 이자를 더 깎아준다. 대부분 대출을 끼고 내집마련에 도전하는 것을 감안하면 저리로 대출받을 수 있는 것은 매력적인 면이 분명 있다.

이 외에도 청년으로서 받을 수 있는 혜택들은 많다. 각 지자체별로 청년 정책을 활발히 내놓음으로써 청년들이 자기 지역에서 정착할 수 있도록 유도하고 있다. 임대료, 면접지원비, 국가기술시험 응시료 등을 감면해 주거나 일부 지원하는 지자체도 있고, 청년전용 창업자금을 빌려주는 지자체도 있다. 놓치면 손해이기 때문에 거주하는 지역별로 주는 혜택을 꼼꼼히 살펴 활용하면 그것만으로도 많은 돈을 아낄 수 있다.

2천만 원으로 내집마련에 성공

조금 긴 시간이 소요된 경우지만 신도시에서 자기 돈 2천만 원으로 시작해 정부정책을 활용해서 내집마련에 성공한 경우가 있었다.

30대 A씨 부부는 결혼하고 첫 아이가 태어날 때까지 부모님과 함께 살았다. 자식이 생기고 나니 아내는 그만 독립하고 싶어 했다. 방 한 칸이라도 좋으니 세 식구만 살아보고 싶다는 거였다. 전세금이라도 부모님께서 해주면 나갈 수 있지만 형편상 같이 살고 있는 처지였다. 부모님도 여력이 없었고, 막 저축을 시작한 터에 아이까지 태어나 갖고 있는 현금이 얼마 되지 않았다.

백방으로 돈을 마련하러 다니면서 '국민임대주택'을 알게 되었다. 19평 정도에 보증금은 2천만 원이 안 되던 시기였다. 2년마다 보증금을 조금씩 올려주는 시스템인데 월 임대료와 난방비, 관리비 등을 합쳐 한 달에 20만 원 안 되는 돈을 내고 살 공간이 생긴 것이다. 운 좋게 한 번에 당첨이 되었다. 그 집에서 6년을 사는 동안 아이가 초등학교에 입학하게 되었고, 학교 학부모들과도 교류하게 되었다.

아무래도 사회적으로 임대주택이라면 색안경을 끼고 보는지라 마음이 불편했는데 국민임대주택 가운데에도 5년이나 10년을 임대해서 살면 분양받을 수 있는 주택이 있다는 것을 알게 되었다. 마침 아이가 중학교에 입학할 때라 분양형 공공임대주택에 신청해서 이사했다. 분양형 공공임대주택은 정해진 기간 동안 임대료를 내고 살다가 기간이 끝나면 분양받는 시스템이다. 분양받을 때에는 주변 시세보다 20~30% 저렴하게 분양받기 때문에 시세 차익을 기대할 수 있다. A씨의 운이 좋았던 것인지 분양받는 시점에서 GTX 개발 호재가 작용했고, 서울 아파트 버금가는 아파트를 자가로 마련하게 되었다. 물론 중간에 이자나 보증금 마련 때문에 고생은 했지만 2천만 원 남짓한 돈으로 출발해서 7억 원을 호가하는 자가를 마련하게 되었다. 기간은 15년이 걸렸는데, 2천만 원으로 시작해서 15년 만에 7억 원으로 만들 방법이 어디에 있을까. 그 사이 아이는 사교육까지 받고 대학 입학을 목전에 두고 있다. 3인 가족이 15년 동안 먹고 쓰고, 사교육비 지출까지 감안하면 거의 기적에 가까운 일이라고 할 수 있다.

스스로 재테크 할 시간과 노력이 부족하다고 판단된다면 정부 정책이라도 눈여겨볼 필요가 있다. 정부 정책은 아직까지는 약자 중심의 복지에 초점을 두고 있다. 돈이 부족한 사람들을 평균 수준으로 올리기 위해 다양한 정책을 개발하고 국민에게 적용한다. 정부 정책은 정권이 바뀜에 따라 시시때때로 변하고, 까다로운 조건 때문에 잠시 관심을 가지다가 마는 경우가 많다. 그러다 보면 흘러가는 많은 기회를 놓치게 된다. 공부하는 만큼 기회가 보이고, 부지런한 만큼 기회를 잡을 수 있음을 기억하기 바란다.

[5]

저축과 투자는 다른 것

세 줄 요약

☑ 항상 바로 꺼내 쓸 수 있는 돈이 있어야 한다.

☑ 저축은 쓰기 위한 것이고, 투자는 불리기 위한 것이다.

☑ 투자에 자신이 없을 때는 펀드를 활용하라.

주식이나 부동산보다 저축이 재테크로 각광받던 시기가 있었다. 1980년대에는 저축 이자만 해도 30%에 육박했다. 저축만 해도 부자가 되는 세월이었다고 입을 모아 말한다. 지금 1천만 원을 저축하면 최고 4.5% 이자를 받아도 1천45만 원인데, 30% 이자를 받으면 1천300만 원이니 그럴 것이라 생각한다.

친만의 말씀이다. 그때 대부분 저축을 재테크 수단으로 삼았을 텐데 왜 다 부자가 되지 못한 걸까? 금리를 이해하려면 물가 상승률에 대한 이해도 따라야 한다. 당시는 이자가 30%에 육박한 만큼 물가도 30% 가까이 상승했다. 이자율에 물가상승률을 빼면 실질금리는 마이너스 1~2%였다. 지금도 실질금리는 마이너스 1~2%이다. 크게 달라진 게 없다는 소리다. 1980년대에도 재테크에 성공한 사람들은 저축해서 은행에 돈을 넣어둔 사람들보다는 부동산이나 주식에 투자한 사람들이 많았다.

그럼 저축은 안 하고 투자만 할 수 있을까? 저축과 투자는 어떻게 구분해야 할까? 가진 돈을 다 끌어모아 주식이나 아파트를 사는 게 맞을까? 저축으로 시드머니를 먼저 만들고 그다음 투자를 하는 게 맞을까? 그러면 갑자기 급한 목돈이 필요해질 때 투자에 들어간 돈을 찾아서 써야 옳은 걸까? 돈이 붙는 사람은 쓸 돈과 모을 돈을 명확하게 규정할 줄 안다.

적금 풍차돌리기

돈을 불리려면 돈의 성격을 두 가지로 구분해서 굴려야 한다. 당장 급할 때 쓸 수 있는 돈도 마련해 두지 않고 계속 투자 시드머니를 모으려고 하면 시드머니를 모을 수 없다. 자꾸 꺼내서 쓰게 되지 않겠나. 돈은 당장 꺼내 쓸 수 있는 돈과 최소 3년 이상은 묵혀도 되는 돈 두 가지 정도로 나눠 모아야 한다.

처음 급여를 받으면 대부분은 돈을 모으겠다고 적금부터 든다. 급여에서 각종 공과금과 쓸 돈을 제외한 나머지 돈을 다 한꺼번에 100만 원, 200만 원 이런 식으로 적금을 든다. 그러다 급하게 필요한 돈이 생기면 적금을 유지하지 못하고 깬 다음 금액을 낮춰 새로 든다. 지출 내역을 정리할 때 소모성 지출과 대비성 지출로 나눈 것처럼 모으는 돈도 바로 쓸 수 있는 돈과 투자할 돈으로 나눠 모아야 도돌이표를 찍지 않는다.

적금에도 성취감이 필요하다. 만기에 목돈을 타는 기분을 맛보려면 처음부터 무리하게 설정하면 안 된다. 수입의 70~80%를 적금에 넣어 성공하는 스타일도 있겠지만 중도에 계속 깨는 스타일도 있다. 자기 자신의 성격을 알고 임계점을 잡는 것이 좋다.

쓸 돈과 투자할 돈을 구분해서 모으는 방법으로는 '풍차돌리기' 같은 기법을 추천한다. 풍차돌리기는 매월 납입하는 적금통장을 매월 새로 개설해서 만기 계좌를 여러 개 보유하는 방법이다. 매월 10만 원씩 1년 만기 계좌를 1월에 개설하고, 2월에도 개설한다. 1월에는 계좌가 1개니까 10만 원, 2월에는 2개니까 20만 원, 12월에는 12개 계좌가 되어 120만 원이 납입되어야 한다. 그러면 이듬해 1월부터 120만 원 만기 통장, 2월 120만 원 만기 통장이 돌아온다. 1년 동안 포기하지 않고 납입하면 이듬해에는 매월 120만 원씩, 12월에는 1천440만 원을 손에 쥐게 되는 방식이다. 2년 동안 모아서 1천440만 원이 되면 440만 원은 가용할 돈, 1천만 원은 투자할 돈으로 나눌 수도 있고, 1천440만 원에 60만 원을 보태서 1천500만 원으로 재투자할 수도 있다.

그러면 '11년이면 1억4천400만 원을 모을 수 있겠다'라고 생각한다. 하지만 11년 모아서 1억4천400만 원이 의미가 있을지는 본인이 판단해야 한다. 만약 11년 전에 시작해서 올해 1억4천400만 원을 갖게 되었다면 그 돈으로 서울 시내에 아파트 전세를 구할 수 있을까? 11년 전 기준이라면 1억4천400만 원으로 서울 시내 평수 작은 아파트 전세는 얻을 수 있었겠지만 지금은 경기도 외곽에 있는 아파트 전세도 얻기 힘들다.

풍차돌리기 또한 시간의 마법 같지만 시간보다 빠르게 물가가 오른다면 효과를 보기가 어렵다. 아무리 일찍 재테크를 시작한다고 해도 저축만으로는 재테크에 한계를 느낄 수밖에 없는 이유가 여기에 있다.

　저축은 엄밀하게 말하면 쓰기 위해 하는 것이다. 3년 만기 적금을 넣을 때에는 무언가 목표를 세운다. 유럽 한 달 여행, 대학원 진학, 골프레슨 등등 목표를 정한 저축은 곧 써서 없어지는 돈이다. 투자 시드머니를 모으는 저축을 제외하고는 다 쓰는 돈이라고 생각해야 한다. 아파트를 사기 위해서라고 해도 아파트라는 큰 소비재에 쓰기 위해서 모으는 것이다. 투자는 그보다는 더 큰 이슈를 위해 계속 불려 나가는 돈이다. 20억 원, 50억 원, 70억 원 단위로 목표를 정하고 계속 불려 나가야 하므로 써서 없어지는 돈은 투자로 묶일 수가 없다.

　1962년 서울 집값이 70만 원 정도였으나 2022년 현재 평균 12억 원이라고 한다. 60년 동안 집값은 미친 듯이 1천700배나 상승했다. 1962년 빵 한 개 5원이었는데 2022년 기준으로 2천 원, 400배 상승한 셈이다. 1962년 70만 원을 저축했다면 이자만으로 12억 원이 될 순 없을 것이다. 2000년대 초반부터 이자율마저 뚝뚝 떨어지자 저축의 인기가 사그라졌고, 주식과 부동산은 재테크의 대명사가 되었다.

주식이 자신 없다면 펀드

저축이 물가상승을 따라잡지 못한다고 생각하면 대부분 주식이나 부동산에 몰빵하기 쉽다. 그럼 주식이나 부동산에 몰빵한 사람들은 다 재테크에 성공했을까? 그렇지 않다. 주식은 장기적으로 보면 우상향 곡선을 그리면서 상향한다. 기업 가치에 숫자를 입힌 것이 주가이다. 나라가 망하지 않고 우량 기업의 주식을 보유한다면 오르는 것은 분명하다. 하지만 주식시장은 하락하는 시기도 있다.

2017년 10월 코스피지수가 2000에 들어선지 10년 만에 2500을 찍자 곧 3000시대를 열 것이라고 들떴다. 2020년 3월에는 전세계적으로 코로나를 맞으면서 코스피지수가 1400까지 확 떨어졌다. 당시 개미투자자들은 멘붕에 빠지고 주식 전문가들은 2000을 언제 탈환할지 모른다는 암울한 전망을 내놓았다. 그런데 채 1년도 안 되어 2021년 1월 3000을 찍었다.

최근 5년 주식시장은 지수에서 보여주듯 등락폭이 롤러코스터 수준이었는데 주식투자에 성공하는 것이 이론적으로 설명이 가능할까? 2020년 3월 1400일 때 주식을 사고 2021년 1월 3000이 될 때 팔면 되는데 이런 현상을 어떻게 예측할 수 있나는 것이다. 그래서 전문가들이 주식으로 재테크하려는 사람에게 강조하는 첫 번째 원칙이 우량주 중심으로 장기 보유하라는 것이다. 그러면 은행 이자보다 나은 것이 주식이라고 한다.

주식이나 부동산이 장기적으로 금리 이상의 수익을 가져다줄지는 모르지만 은행 이자율보다 조금 더 나은 수익을 기대하고 주식이나 부동산 투자에 적극적으로 뛰어드는 사람은 드물다. 퇴직금을 10억 원씩 받고 은퇴한 금융권 출신이라면 모를까 적은 돈을 눈덩이처럼 굴리고 싶은 재테크 입문자들에게 은행 이자 보다 나은 정도라면 너무 속 편한, 부자들이나 하는 소리처럼 들린다.

주식으로 눈덩이처럼 돈을 불렸다는 사람들의 이야기를 자세히 들어보면 다 똑같은 말이다. 계란은 한 바구니에 담지 말라는 것, 익절은 해도 손절은 하지 말라는 것 등이다. 나도 현재 주식을 꽤 갖고 있지만 거의 모두 장기보유 우량주다. 자신이 없어서다. 이럴 때 고려할 만한 수단이 펀드다.

은행 이자보다는 높고 주식보다는 위험 리스크가 적은 금융 상품을 원하는 안정적인 투자자들은 펀드를 선호하는 편이다. 펀드는 일종의 간접 투자이다. 매월 적금 붓듯 얼마씩 납입하면 펀드매니저가 그 돈을 투자해서 수익을 내고, 펀드매니저는 수수료를 취한다. 펀드매니저나 펀드운용회사에서는 수익률이 마이너스가 나도 수수료는 떼 가기 때문에 펀드를 가입할 때도 주요 종목을 잘 선택해야 한다.

과거 10년 전에는 차이나펀드의 수익률이 좋았다고 하고 현재는 인도나 베트남 펀드를 많이 권하는 편이다. 성장률 때문이다. 중국 같은 경우 가파르게 고령사회로 진입함과 동시에 출산율은 떨어지고 있다. 한국이나 일본처럼 경제성장을 이룬 다음 일어나는 현상이 아니라 중진국 문턱에서 한국이나 일본과 똑같은 현상을 겪고 있기 때문에 앞으로 경기회복 전망이 어둡다는 게 대부분 전문가들의 견해다. 그 대안으로 떠오른 것이 인도나 베트남 같은 경제가 급성장하고 있는 나라들이다. 여기에서 힌트를 얻을 수 있는 것은 인구가 많고, 출산율이 떨어지지 않아서 내수 전망이 밝은 나라에 투자하라는 것이고, 그를 기반으로 한 펀드가 안정적이라는 것이다.

주가는 좀처럼 오르지 않고 물가는 계속 오르면 채권이 안정적인 재테크 수단으로 부각되곤 한다. 채권은 정부나 공공기관에서 발행하는 국공채, 보험회사나 은행 등의 금융권에서 발행하는 금융채, 일반 민간 기업이 발행하는 회사채로 나눠진다.

채권투자는 증권계좌를 개설해서 직접 투자하는 길은 열려 있지만 민간회사에서 발행하는 채권은 불안정하기 때문에 처음 재테크에 입문하는 사람들에게는 진입장벽이 큰 편이다. 채권도 펀드로 간접 투자하는 것이 여러 면에서 편리하다.

국공채는 중앙정부나 지방정부에서 재원 확보를 위해 발행하는 채권이다. 정부 운영에 필요한 재정을 세금으로만 확보할 수 없기 때문에 채권을 발행해서 재정을 확보한다. 쉽게 접하는 국공채 가운데 국민주택채권이 있다. 주택을 매입할 때 국민주택채권도 함께 매입해야 한다. 이렇게 확보한 재원을 주택 건설 사업이나 복지에 쓴다. 주택뿐만 아니라 다양한 분야에서 국공채를 발행한다.

직접 투자는 한 분야에 대해 장기적으로 파고들고 공부해서 자신이 있을 때 하는 것이 좋다. 당장 국공채에 직접 투자하기보다는 국공채에 투자하는 펀드에 적립식으로 가입하는 것이 여러모로 유리하다.

투자공부를 하다 보면 ETF, CMA, MMF 같은 용어들을 자주 발견하게 된다. 안전한 투자를 선호한다면 알아둬야 하는 용어들이다.

ETF^{Exchange Traded Fund}는 상장지수펀드라고 부른다. 이름에서

펀드의 성격

구분		주된 투자대상	펀드특징
증권펀드	주식형 펀드	주식에 60% 이상 투자	고위험·고수익 추구
	혼합형 펀드	주식에 60% 이하 투자	채권투자의 안정성과 주식투자의 수익성을 동시에 추구
	채권형 펀드	채권에 60% 이상 투자	안정적인 수익 추구
MMF		단기금융상품에 투자	수시입출금이 가능한 펀드
파생상품펀드		선물, 옵션 등 파생상품에 투자	파생상품을 통한 구조화된 수익 추구
부동산펀드		부동산에 투자	환금성에 제약이 따르지만 장기 투자를 통한 안정적 수익 추구
실물펀드		선박, 석유, 금 등 실물자산에 투자	
특별자산펀드		수익권 및 출자지분 등에 투자	
재간접펀드		다른 펀드에 투자	다양한 성격과 특징을 가진 펀드에 분산투자

* 금융위원회 참고

느껴지듯 상장된 주식시장의 지수에 연동되어 수익을 추구하는 펀드이다. KOSPI 200 등 시장지수에 연동하여 운용되는 펀드도 있고, 특정산업지수에 연동하여 운용되는 펀드도 있다.

네이버 주식 창에 들어가서 국내증시를 누르면 왼쪽 상단에

ETF항목이 있다. 이를 누르면 주식처럼 사고팔 수 있는 ETF가 뜬다.

ETF가 주식과 다른 점은 같은 테마로 묶인 산업군에 골고루 분산투자하되 전문가가 골라서 운용한다는 점이다. ETF는 한 주를 매입해도 지수구성종목 전체에 투자한 효과가 있다. 일반 펀드에 비해 동상 운용보수 및 판매보수가 낮고, 주식 직접 거래와 달리 증권거래세를 내지 않아도 된다. 또한 3개월마다 배당금이 지급되므로 배당에 의한 재투자 효과를 누릴 수 있다. 주식투자에 문외한이거나, 투자금을 좀 더 안전하게 굴리고 싶다면 ETF를 염두에 두면 좋다.

또 하나의 안정적인 금융상품으로는 MMF^{Money Market Funds}가 있다. 돈을 융통하는 시장에 단기 투자하는 상품이다. CP라고 부르는 기업어음, CD라고 부르는 양도성예금증서 등에 투자하는 건데 개인 투자자가 이런 상품에 직접 투자하기는 어렵다. MMF는 예치한 내 돈을 이런 상품들에 투자해서, 쉽게 말하면 돈놀이 이자를 받는 상품이다.

1년 미만의 우량 채권에 투자하기 때문에 안정적인 면도 있고, 가입금액에 아무런 제한이 없어 소액투자자도 손쉽게 투자할 수 있다. 또한 하루 뒤에 되찾아도 환매수수료가 붙지 않고 만기도 따로 정해져 있지 않다. MMF에 가입한 날 기준가와 출금한 날 기준가 차이에 따른 이익을 보게 된다. 즉 하루를 맡겨도 이자가 붙는 성격 때문에 파킹통장으로 많이 활용한다. 그렇다면 수익은 크지 않다는 걸 예상해 볼 수 있는데 앞서 말한 여러 가지 이점 때문에 MMF는 찾는 사람들이 꾸준히 있다. MMF 계좌는 예금자보호가 되지 않고 각종 공과금 결제와 이체가 안 되는 점이 불편하다.

금융목표는 인생목표가 아니다

시드머니를 모으는 방법을 찾고, 투자할 타이밍이라는 판단이 들면 사람들은 곧장 목표부터 세운다. 건물주가 되겠다, 돈이 돈을 벌어오게 하겠다, 경제적 자유를 이루겠다 등등.

현재 나의 인생 최종 목표는 '내 일을 잘해서 주변에 도움이 되고 나아가 사회를 아름답게 만드는 사람'이 되는 것이다. 이 목표를 말하면 다들 너무 이상적이라고 고개를 갸우뚱한다. 우리는 언제나 목표라면 수치나 직업 같은 것을 정하는 것에 익숙해져 있기 때문이다. 그런데 인생목표가 건물주라면 건물주가 되고 난 다음에는 무엇을 하며 살 것인가? 이렇게 되물어보면 '여행이나 하며, 여행이나 하며, 여행이나 하며…'에서 말을 잇지 못한다.

건물주가 되고 돈 많은 부자가 되는 것이 인생목표라면 다른 관점에서 생각해 볼 필요가 있다. 30대부터 악착같이 모으고 재테크를 해서 50대에 꼬마빌딩 건물주라도 되었는데 혼자면 독거노인인 거다. 돈이 돈을 버는 시스템을 마련했다고 좋아했는데 막상 돈을 쓰지는 못하고 시스템만 돌아가면 그 또한 내 소유는 맞지만 내 돈은 아닌 거다. 지금 정한 목표가 인생목표인지 금융목표인지 명확하게 구분해야 한다.

내가 만약 처음부터 100억 원의 자산을 형성해야지 하고 인생 목표를 정했다면 지금 나는 100억 원의 자산을 형성하지 못했을 것이다. 처음 시드머니 1천500만 원을 가지고 투자를 시작했는데 얼마나 멀게만 느껴졌겠는가. 조급함에 잘못된 판단을 하고 투자 실패로 이어지고 재기불능이라는 생각에 빠져 지금 전혀 다른 삶을 살고 있을지도 모른다.

'타인에게 도움이 되고 사회를 아름답게 만드는 사람'이라는 가치에 목표를 두니 잠깐의 어려움은 헤쳐 나갈 수 있는 힘이 생겼다. 그리고 무언가가 되겠다가 아니라 어떻게 살겠다라는 가치에 중점을 두고 인생 최종 목표를 정하니 그 과정을 더 구체적으로 설계할 수 있었다.

금융목표는 인생목표 다음에 들어갈 하위목표 가운데 하나다. 하위목표에는 금융목표도 있고, 교육목표도 있고, 단기목표도 있고, 중장기 목표도 있다. 하위목표는 인생목표를 완성해 나가는 조각들에 불과하다.

현재 내 인생목표는 변하지 않았지만, 하위목표인 금융목표는 변하고 있다. 토지 50억 원, 주택 25억 원, 주식 44억 원을 합쳐 100억 원 이상의 자산을 형성하고 있는데, 이 정도면 경제적 자유는 이룬 것이나 다름없다. 그럼에도 불구하고 지금은 1천억 원으로 목표를 수정하고 있다. 왜냐하면 처음에 정한 인생목표에서 '타인에게 도움'이 될 정도는 이뤘지만 '사회를 아름답게 만드는' 목표에 다가가기에는 부족하기 때문이다. 사회를 아름답게 만드는 방법에는 여러 가지가 있겠지만 장학재단이나 아카데미 같은 것을 세우기에는 100억 원은 부족하게 느껴진다. 물론 이상적인 꿈에 가까운 인생목표다.

지금 '돈이 붙는 사람'이 되라고 한 것은 자신의 인생목표를 이루기 위해 더 유용한 수단을 마련하라는 의미다. 자신이 현재 세운 목표가 금융목표인지 인생목표인지 다시 한 번 생각해 보길 바란다.

"사고와 태도를 긍정적으로 이끄는 힘은 오늘 당장 해낸 작은 성공에 있다."

2장

콘텐츠로
시드머니 모으기

SMALL MONEY INVESTMENT

[1]
경험 콘텐츠가 돈이 되는 세상

세 줄 요약

☑ 무엇이든 기록하라.

☑ 실행하면서 경험을 쌓아라.

☑ 경험을 콘텐츠로 만들어라.

돈이 없으면 사람이 장기臟器라도 팔고 싶은 심경이 된다. 그만큼 절박하기 때문에 나온 말일 것이다. 이제는 이 말이 현실화되어 가는 듯하다. 그 장기가 몸속의 장기가 아닌 본인의 재능에서 캐내는 장기長技라는 게 다를 뿐이다. 한 사람이 가진 생각과 말, 경험이 온라인에서 돈을 벌어들이는 세상이 되었다. 자기가 가진 모든 것이 콘텐츠가 될 수 있고, 이 콘텐츠들은 정보가 되고, 휴식이 되고, 공유가 되면서 새로운 직업과 자본을 창출하고 있다. 돈이 없어서 뭔가 시작하기 두렵다는 생각 대신 '나 자체로 콘텐츠'가 될 만한 것을 찾아보자.

내가 처음 여러 재테크에 도전할 종자돈을 마련할 수 있었던 것도 나의 경험을 다인에게 판매했기 때문이다. 군대에서 경험했던 독서에 대한 필요성, 독서하는 방법, 자기 변화의 요인과 시점, 사소한 습관까지 모든 경험을 기록했고, 그 기록을 책으로 내길 소망했고, 첫 책을 썼더니 돈이 되어 돌아왔다.

이 과정들을 '독기행'이라고 이름 붙이고 온라인상에서 경험을 공유하기 시작했다. 읽고, 기록하고, 실행하는 세 가지만 꾸준히 하면 삶을 변화시킬 수 있다고 외쳤더니 그것을 듣고 싶어 하는 수강생이 생기고, 책을 낼 기회가 종종 찾아왔다. 나는 나의 경험을 체계적으로 정리하고 의미를 부여해서 사람들에게 알렸을 뿐이다. 학원을 차린 것도 아니고 글쓰기 재료를 산 것도 아니다.

책을 쓰고 투자교실을 운영하는 것은 자본이 들어가는 창업이 아니다. 되레 돈을 벌겠다는 생각과는 동떨어져 보인다. 하지만 모든 노동에는 그에 합당한 대가가 따라온다. 책을 출간했더니 인세가 들어오고, 투자교실을 열었더니 수강생들이 수강료를 지불한다. 경험 공유만으로 창업과 같은 효과를 내는 것이다.

수강생에게는 수강료를 당연히 받아야 한다. 사람들은 이상하게 공짜라고 하면 우습게 여긴다. 나는 내 경험을 타인에게 들려주는 일을 즐겁게 하고 있지만, 그것이 누군가가 공짜로 흘려들을 정도로 의미 없다고 생각하지 않는다. 친구에게 사소한 부탁을 해도 하다못해 생수 한 병이라도 대접해야 관계가 유지된다. 대가 없는 행위는 자본주의 사회에서는 단연코 없다. 한때 무일푼이었던 백수가 이제는 고액 연봉을 버는 CEO가 되어 전국으로 강의를 다닌다. 여기에서 내가 한 노력은 나의 경험을 다른 사람이 돈을 주고 살 콘텐츠로 바꾼 것밖에 없다.

개인 히스토리는 콘텐츠 출발점

나의 콘텐츠는 경험지식판매라고 할 수 있다. 물론 나는 유명한 정치인이 말한 것처럼 '지식소매업자'는 아닐지도 모른다. 대학교 강의 같은 전문지식을 책으로 쓰고 강연하는 것만이 지식판매는 아니다. 내 경험이 다른 사람에게 필요한 정보라면 그

것 또한 지식이 될 수 있다고 생각한다.

사람들이 열광하는 여러 유명 강사들도 사실 알고 보면 자신의 경험을 판매하는 사람이다. 구독자 100만 명, 200만 명을 보유한 유튜버들도 모두 자기가 경험한 것을 촬영하고 구독자들에게 대리 체험시켜 줌으로써 논을 벌고 있다.

무작정 유튜브를 열고 내가 찍고 싶은 영상을 올리면 되는 걸까? 유튜브가 대세가 되기 전까지는 그런 케이스도 많았다. 요즘은 지상파 방송이든 언론이든 개인이든 회사든 정부든 죄다 유튜브를 개설한다. 무작정 찍어서 열심히 올리는 방법은 더 이상 통하지 않는다. 나 자신이 콘텐츠가 될 만한 요소를 찾아서 구체화하고 일정 기간 내에 얼마만큼의 콘텐츠를 탑재할 것인지 설계해서 체계적으로 접근해야 한다.

유튜브 순위 사이트 '블링'에 들어가면 기간별로 주제별로 구독자별로 순위를 제공하고 있다. 전업 유튜버가 아니더라도 유튜브 세계에 발을 디딘다면 이런 정보들을 탐색하는 노력 정도는 해야 한다. 자기의 경험이나 재능 가운데 다른 사람들에게 필요한 것이 뭘까 생각해 보면 의외로 쉽게 해답을 얻을 수 있다.

체계저스로 접근하라고 하면 애배모호하게 느껴지는데, 자신의 생각을 몇줄이라도 구체적으로 적으면서 계속 체크해 나가는 것만으로도 체계가 잡힌다. 생각은 한순간에 사라지고 마는 것이기 때문에 물리적으로 붙잡아 놓는 도구가 필요하다. 나는 메모에서 그 힘을 발견했다.

메모로 콘텐츠 끌어 모으기

누구나 머릿속에는 아이디어가 넘친다. 아이디어는 막상 구체화시키려고 하면 만만하지 않다. 생각으로는 가능하지만, 실제 실행해 보면 여러 가지 문제가 노출된다. 적극적인 사고를 하기 위해서는 외부에서 입력되는 여러 가지 현상을 맹목적으로 받아들이지 않고 나름대로 조합하고 요약해서 유의미하게 만드는 게 필요하다. 반대로 생각을 끄집어내어 구체화하는 과정도 이와 비슷하다. 머릿속에 혼란하게 뒤섞여 있는 여러 가지 아이디어들을 실행할 수 있도록 단순화할 필요가 있는 것이다.

사고의 단순화를 위한 전략으로 나는 메모하는 습관을 택했다. 처음부터 메모를 전략적으로 택한 것은 아니고 오랜 기간 습관처럼 메모를 하다 보니, 단순하게 사고하고 정리하는 방법은 단연코 메모가 최고임을 알게 된 것이다.

군대에서 처음 메모를 시작했는데 지금까지 그 습관을 이어 오고 있다. 메모를 시작하게 된 계기는 물론 독서였다. 군대에서 책의 매력을 알게 되고 본격적으로 책 읽기를 시작했는데, 읽을 때는 좋지만 다 읽고 나면 머리는 다시 비워져 있고 생각 나는 대목이 없었다. 책을 읽어도 남는 게 없다는 생각이 들어서 책을 읽을 때마다 중요 문장을 잊어버리지 않기 위해 한 줄씩 적기 시작했다. 그리고 그 옆에는 그날 일어난 일이나 결심 같은 것을 적다보니 다이어리처럼 발전하게 되었다.

메모의 중요성을 언급한 책은 정말 많았고, 그만큼 많이 읽었는데 읽는 것에서 그쳤다면 나만의 기록법이 생기지 않았을 것이다. 읽을 때마다 내 것으로 만들기 위해 계속 단순하게 정리해서 기록하는 습관을 들였더니 지금은 메모하는 동시에 핵심을 명료하게 파악할 수 있게 되었다.

다이어리는 해야 할 일을 적는 용도도 있지만 갑자기 떠오른 아이디어를 적거나 엉킨 생각이나 감정을 정리할 때도 유용하다. 타인에게는 아무런 의미도 없고 그저 떠오르는 대로 끄적거린 낙서에 불과할지 모르지만 자기 자신에게는 엄청난 도움이된다.

하루는 마치 랙이 걸린 듯 멍하니 벤치에 앉아 지나가는 사람들을 구경하고 있었다. 문득 다이어리가 떠올랐다. 늘 들고 다니던 다이어리를 꺼내서 의미 없이 앞장부터 천천히 읽어보기 시작을 했다. 영수증, 책에서 발견한 좋은 글귀, 감사 일기, 일정, 공부한 흔적들이 빼곡하게 채워져 있었다. 낙서 같은 글들은 지난 시간 고민의 흔적이었다. 그 순간 '일상의 흔적들은 계속 달라지는데 고민하고 걱정하던 내용들은 단어만 다를 뿐 그대로'라는 생각이 들었다.

그 기록들은 또 다른 내 목소리나 다름이 없었다. 어떻게 살아갈 것인지, 어떻게 경제적 자유를 얻을 것인지, 앞으로 어떤 책을 쓸 것인지, 어떤 좋은 사람이 되고 싶은지 다 담겨 있었다. 내 마음이 시켜서 쓴 기록인지, 아니면 그 기록이 내 마음의 변화를 일으킨 것인지 명확하지는 않지만 한 가지 분명한 것은 지난 기록들이 나를 더 강하게 만들었다는 것이다.

쓰다 보면 궁지에 몰리지 않고서는 알아차릴 수 없는 절박함이 그 문장 안에서 점차 선명진다. 그 절박함을 찾아야 내가 무엇을 할지, 어떤 목표를 갖고 무엇을 실행할지 손에 잡히고 구체적으로 가닥을 잡게 된다. 메모는 실행을 유도하는 좋은 촉매제가 될 수밖에 없다.

작은 성공을 쌓아가는 실행

만약 재테크를 잘하고 싶다면 어떻게 해야 할까?

먼저 재테크에 관한 책을 읽거나, 강의를 듣거나, 여러 자료들을 취합해서 끊임없이 읽고 자기 것으로 만들어야 한다. 그러기 위해서는 단순 간단명료하게 기록하는 것이 중요하다.

정보는 넘치는데 내가 필요한 정보가 없다면 그것은 필요한 정보가 없는 게 아니라 원하는 게 구체화되지 않았기 때문이다. 계속 정보를 수집하면서 의미를 파악해야 한다. 앞서 언급한 은행 상품, 투자 상품, 주식, 부동산 등등 이해하고 공부하면서 자기에게 맞는 재테크 방식과 돈의 흐름을 파악해야 할 것이다.

그다음에는 한번 해보는 것이다. 해보기 전에는 아무리 공부하고 정보를 모아도 알 수 없는 것들이 있다. 그리고 자기 돈이 귀한 줄 모른다. 통장에 넣어두고 야금야금 꺼내 쓰면 언제 다 썼는지, 어디에 왜 썼는지도 모르게 사라져 버리고 만다. 하지만 투자를 실패해서 사라진 돈은 두고두고 기억난다.

20대 초까지 나는 지독한 열등감과 패배감에 사로잡혀 있었다. 뭔 해도 흰새 우리나라에서 내가 행복해질 길은 없다는 체념과 비관을 떨칠 길이 없었다. 방황했던 과거를 반성하고 후회하고 다른 인생을 잘 살아보고 싶은 마음은 굴뚝같은데 방법을 모르니 미칠 것 같은 기분만 계속 되고 있었다. 마음의 늪에서 벗어나는 길은 희망을 발견하는 일뿐이다. 도저히 앞이 보일 것 같지 않은 나락에 떨어져 있어도 희망을 발견하면 다시 올라올 수 있다.

희망은 어디서 오는 걸까? 나는 그것이 실행에서 오는 성취감 때문에 생긴다고 생각한다. 작고 하찮은 일일지라도 성공해서 기쁨을 맛보면 희망이 생기고 자신감을 얻을 수 있다. 잘할 수 있을 것 같은 근거 없는 자신감이 막 샘솟는다.

성공경험은 뇌에 축적되고, 도파민 중독처럼 계속 그 맛을 찾고자 한다. 적금을 처음 들 때 중도에 그만두면 다시 적금 드는 일이 어렵게 느껴지지만 1년에 100만 원 적금이라도 성공하게 되면 그다음에는 200만 원, 300만 원 자꾸 늘게 된다. 콘텐츠를 처음 업로드할 때나 블로그에 처음 글을 올릴 때 봐주는 사람이 1명이라 할지라도 포기하지 않고 자꾸 콘텐츠를 올리다 보면 쌓이게 되고 내 콘텐츠를 찾는 사람도 점점 늘어나게 된다.

우리는 인생의 성공을 남들이 보기에 그럴싸하고 거창한 무언가를 이룬 것으로 규정하는 경향이 있다. 좋은 대학을 나와야 하고, 대기업에 다녀야 하고, 남부럽지 않은 조건의 배우자를 만나야 하고, 자녀 둘 셋 정도는 키울 수 있는 경제적 여유를 가져야 하고, 노후 걱정 없이 살아야 한다라고 생각한다. 이런 기준에서 보면 오늘 읽는 책 한 권이 내집마련에 무슨 보탬이 될까, 오늘 실천한 미라클 모닝이 든든한 가장이 되는 데 무슨 소용이 있을까, 오늘 팔굽혀펴기 열 개 한다고 언제 몸짱이 되겠나 하는 회의감이 들 수밖에 없다.

그렇다면 반대로 생각해 보자. 과연 좋은 직장을 구하는 데 필요한 것이 무엇일까? 당장 강남에 집 한 채를 마련하는 데 필요한 것이 무엇일까? 주식? 비트코인? 로또? 성공의 기준을 거창한 것으로 규정하면 거의 99.9% 확률로 실패할 것이다. 10년 뒤, 20년 뒤 삶을 그리고자 한다면 좀 더 현실적으로 그 꿈을 꾸어야 한다. 내일, 1주일, 한 달, 1년 뒤 자기 모습을 그리는 것이 꿈을 이루기 더 쉽고 현실적이다. 10년 뒤나 20년 뒤의 행복을 위해 오늘 이 일을 하고 있다고 생각하면 지금 하는 일은 하찮고 귀찮고 어렵게 느껴질 것이다. 먼 미래보다 당장 눈앞에 놓인 과제만이라도 만족스럽게 완성시켜 나간다면 어느새 10년이 되고 20년이 된다.

마찬가지 원리로 오늘 미루고, 내일 미루고, 1년 뒤로 미루고 하다보면 10년 뒤에도 하고 싶은 일을 못하고 20년 뒤에는 더 못한다. 사고와 태도를 긍정적으로 이끄는 힘은 오늘 당장 해낸 작은 성공에 있다. 위대한 성과는 결코 우연히 나타나지 않는다. 오늘 이 작은 성취를 어떻게 쌓느냐에 따라 미래는 완전히 달라질 수밖에 없는 것이다. 그러니 아무리 작은 것이라도 한번 해보는 것, 실행하는 것이 중요하다.

나는 인생을 바꾸기로 마음먹은 후에 '하루'라는 단어를 작은 성취의 단위로 생각하게 되었다. 궁극적 목표 자체가 1년 뒤 혹은 3년 뒤에 이루어지는 것이라 해도 상관없었다. 아무리 장기적인 목표라도 하루라는 실행 단위에서 출발한다. 계획만 잘 세운다면 1년 뒤의 일을 지금 걱정할 필요가 없다. 오늘 할 일만을 생각하고 그 일에 집중하면서 하루하루를 잘 보내면 결국은 1년 뒤 목표에 도달할 것이기 때문이다. 대신 오늘 할 일은 큰 목표와 한 세트로 묶어서 생각하는 게 중요하다.

2015년 결혼하고 처음 신혼집을 꾸린 곳은 12평에 1억8천만 원짜리 전셋집이었다. 무려 80%의 대출을 끼고 얻은 전세였다. 길을 걷다가도 한숨이 절로 나왔다. 나를 믿고 선택한 아내에 대한 미안함과 이제까지 뭘 하고 살았는지 후회가 밤마다 나를 괴롭혔다. 그때부터였다. 대한민국 부자들이 다 재벌로 태어난 건 아닐 터, 분명 자수성가한 사람도 있을 텐데 그들이 해냈으면 나도 해내리라고.

대출과 전세의 굴레를 탈출하려면 부동산밖에 없다고 생각하고 매일 부동산 중개업소에 들르기 시작했다. 퇴근하면 매물을 구경하고, 중개업자들에게 돌아가는 상황을 주워듣고, 집에 돌아오면 부동산 책을 파고들기 시작했다. 부동산 투자를 돈이 있어야 하지, 생기면 하지라고 생각했으면 지금도 전셋집을 전전하고 있을 게 분명하다.

돈은 없었지만 어떻게 해서든 종자돈을 마련해서 부동산 투자를 해야겠다고 결심했다. 한 달에 30만 원으로 생활비를 묶어놓고 결혼 축의금과 책 인세, 강연료를 합쳐서 1천500만 원을 마련했다. 그 돈으로 처음 고양시 행신동 아파트를 2억800만 원에 사서 1억9천500만 원에 전세를 줬다. 그렇게 총 4천만 원을 융통해서 아파트 세 채를 전세를 끼고 매입해서 부동산 투자를 시작했다. 1천300만 원을 투자한 그 집은 2년 후 2억8천만 원에 팔아 시세 차익을 남겼다.

일단 시작하고 나니 물러설 데가 없었다. 외식 한 번 안 하고 절약해 생활하면서 3년 후 1억8천만 원이라는 수익을 거뒀고, 이는 또 다른 투자를 할 수 있는 조금 더 큰 종자돈이 되었다. 위험한 갭투자였지만 운 좋게도 부동산 규제가 없던 때여서 수익을 남기고 아파트를 다 팔 수 있었다. 이 경험이 사실 부동산 투자에 물꼬를 튼 계기가 되었다. 나는 내가 할 수 있는 최선의 선택과 투자를 했고 그 작은 성공 경험이 지금의 자산을 만들어 나가는 데 큰 자신감을 심어주었다.

실행에 도움이 되는 독서

학교 때 공부를 열심히 하지도 않았고, 정보를 받아들이는 루트도 책밖에 없었기 때문에 독서를 쉽게 시작한 측면이 있다. 요즘은 갈수록 책을 읽기 어려운 환경이 되어 간다. 재미있는 동영상과 자극적인 이미지 콘텐츠들이 넘쳐난다. 여기에 귀로 듣는 오디오북, 스마트폰으로 보는 전자책 등이 실물 책을 더 멀리하게 만들기도 한다. 그럼에도 실물 종이책을 꼭 읽어야만 하는 이유가 있다.

경험상 귀로 듣는 것은 머릿속으로 잠시 딴 생각을 하다보면 지나쳐 가기 쉽다. 뭘 들은 건지 기억이 제대로 나지 않게 된다. 전자책은 읽다가 보면 메모를 하기 어렵다. 메모를 하면서 내용을 스스로 정리도 해보고 요약도 해봐야 하는데, 전자책은 그럴 수 없어서 책을 읽는 행위보다는 콘텐츠를 소비하는 행위에 더 가깝다는 생각이다.

책도 유용하게 읽는 방법이 있다.

첫째, 하루 독서량을 시간이 아닌 목차로 정한다.

책을 얼마나 읽어야 할까? 매일 1시간 혹은 2시간, 시간을 정해놓고 읽는 사람이 은근히 많다. 시간을 정하면 생기는 부작용들이 좀 있다. 시간을 정해 놓고 읽으면 독서는 마치 숙제처럼 해치우기에 급급해진다. 책을 왜 읽는가? 나한테 유의미한 것들을 찾기 위해서 읽는 것이다. 학생도 아닌데 숙제처럼 독서를 한다는 것은 말이 안 된다. 완독하는 게 목표가 아니라 좋은 내용을 얻기 위한 것이 목표라면 시간보다는 내용 위주의 계획을 세우는 것이 좋다.

책마다 흐름이라는 게 있고, 그 흐름을 잘 보여주는 것이 목차다. 목차는 내용을 어디서 끊어 읽어야 하는지 알려주는 가이드라인이다. 이를 무시하고 시간에 맞춰 읽으면 내용의 흐름이 뚝 끊겨 다음에 다시 읽으려면 앞 내용을 들춰봐야 한다. 계속 흐름을 이어가지 못하고 내용을 상기시키다 보면 속도도 더뎌지고 흥미도 잃게 되어 결국 완독하기 힘들어진다. 책을 읽어도 머릿속에 남는 게 없다고 말하는 사람일수록 목차의 중요성을 인지하고 목차대로 끊어 읽기에 도전하는 것이 좋다. 책을 읽으면 남는 게 생긴다. 내용 중심, 목차 중심의 독서를 해야 하는 이유다.

둘째, 입체적으로 읽는다.

내용을 인지하면서 허투루 읽지 않으려면 오감을 최대한 활용하는 것이 좋다. 즉 눈으로만 읽는 게 아니라 손도 같이 읽는 것이다. 학교 때 시험공부하듯이 밑줄 긋는 건 기본이고 색깔도 칠한다. 필요하면 책 여백에 메모도 한다. 책을 물려주거나 보관하려고 애쓰지 않는다. 밑줄 긋고, 색칠하고, 메모하면서 입체적으로 읽는 것이 남는 독서다.

이렇게 읽으려면 펜이 필요하다. 밑줄, 색칠, 여백 메모 이 세 가지 목적에 맞는 펜을 따로 마련한다. 필기구 사는 즐거움도 있어서 독서가 일상생활에 쉽게 스며들게 만들어준다. 색색 형광펜을 쓰고, 굵은 펜으로 밑줄을 긋고, 가느다란 펜촉의 감각을 느끼면서 자신의 생각을 적다 보면 단조로운 책 읽기를 다양한 활동으로 바꿀 수 있다. 나는 밑줄을 많이 긋는 편인데 그을수록 독서에 집중하는 타입이기 때문이다. 마치 저자의 머릿속을 들어갔다 나온 것처럼 거리감이 좁혀진다.

기억하고 싶거나 기록으로 남기고 싶은 부분에 색깔을 칠하면 나중에 그 부분만 봐도 내용이 떠오르는 핵심 요약 효과가 있다. 색깔 칠하기는 시각적인 환기 효과도 있다. 빨간색은 이해하기 힘든 부분, 파란색은 무릎을 탁 치게 만드는 부분 등을 구분해서 사용하면 더 효과적이다.

여백에 메모하기는 중요한 과정이다. 읽다가 궁금한 점이 생기거나 아이디어가 떠오를 때가 있다. 메모를 하면서 그 생각들을 붙잡아 둔다. 이 과정은 책 쓰기, 블로그 글쓰기 등 아웃풋을 위한 준비 단계가 되어준다. 파편적인 단어만 나열할 때도 있고, 길어야 한두 문장에 불과한 경우가 대부분이다. 그래도 키워드를 뽑고 문장 단위로 만드는 과정을 통해 생각을 논리적으로 끄집어낼 수 있다.

책 읽기를 시작한 날짜나 다 읽은 날짜를 기록하는 것도 좋은 방법이다. 날짜 기록 그 자체로 한 권의 책을 읽었다는 성취감을 느낄 수 있다.

뿐만 아니라 예전에 읽었던 책들을 다시 들춰보면 그동안 내 생각이 어떻게 변했는지 확인하는 데 큰 도움이 된다. 나의 성장을 확인하는 일이기도 해서 동기부여가 될 뿐 아니라 그걸 보면서 생각을 한층 더 발전시킬 수 있다. 이렇게 책을 읽으면서 생각을 정리하면 책의 정보가 온전히 흡수된다.

셋째, 책을 책상 위에 늘어놓는다.

나는 책을 책장에 꽂는 스타일이 아니다. 다 읽은 책도 책상 위에 깔아둔다. 전에는 차곡차곡 꽂아 정리하려고 노력했는데 그게 좋은 습관이 아님을 깨달았다. 책꽂이에 책을 반듯하게 꽂아두는 건 문제가 아니지만, 책장에 꽂는 순간 내 마음에서 그 책이 완전히 사라지는 게 문제였다. 책은 가까이 있어야 그 내용을 계속해서 상기시키고, 그렇게 상기되는 가운데 장기 기억으로 저장된다. 책이 여기저기 놓여 있으면 책 내용을 자주 떠올릴 수밖에 없다.

넷째, 책을 읽고 난 뒤 간단하게라도 감상문을 적는다.

어른들이 웬만해서 잘 쓰지 않는 독서일기는 지적 자산을 늘리는 좋은 방법이다. 독서법을 다룬 수많은 책들이 독서 후기를 권하고 있다. 읽은 책을 자기 것으로 만들기 위해서라고 말하는 사람도 있고, 자신이 얼마나 이해하고 있는지 확인하기 위한 과정이라고 말하는 사람도 있다. 독서 후 적는 몇 줄의 감상문은 분명 체화와 깊은 연관이 있다. 길이도 상관없고 독서일기를 위한 노트를 따로 만들 필요도 없다. 다이어리가 있다면 거기에 간략하게 적으면 된다.

궁극적으로는 독서, 메모, 지출소비, 금융목표 등이 다 제각각이 아닌 한 권의 다이어리에 들어가도록 자기 기록을 남기는 게 더 좋을 것이다.

눈치 챘겠지만, 여기까지 내가 말한 모든 것이 다 책으로 발간되었다.《일독일행 독서법》《1일 1행의 기적》《따라 하면 무조건 돈 버는 1인 법인 투자의 기술》《따라 하면 무조건 돈 버는 실전 부동산 경매》(공저)《왕초보도 바로 돈 버는 부동산 경매의 기술》(공저) 등 낸 책들이 거의 대부분 짧게라도 베스트셀러에 등극했다.

10대에 불량청소년 소리나 듣던 내가 어떻게 이런 인생을 살 것이라고 생각이나 했겠는가. 나는 책을 만났고, 생각을 바꾸었고, 마음먹은 것을 실행한 것밖에는 없다. 가진 것이라고는 존재 그 자체뿐이어서, 내가 할 수 있는 것을 다한 것이다.

만일 책을 쓰고 싶다면, 파워 블로거가 되고 싶다면, 건물주가 되고 싶다면 하면 된다. 문제는 바로 실행하지 않고 생각만 하고 있는 자신한테 있는 것인지 모른다.

[2]
광고 통행세를 받는 수익형 블로그

세 줄 요약

☑ **글쓰기 실력을 걱정하지 마라.**

☑ **정보를 찾아들어가는 중간 경로로 블로그를 만들어라.**

☑ **팬보다 고객을 확보하라.**

블로그 하면 제일 먼저 네이버 블로그가 떠오른다. 시장 선점효과는 매우 강력해서 우리나라에서 블로그만큼은 네이버가 압도적 1위를 수성하고 있다. 2003년 처음 생겼을 때 블로그가 돈이 되겠다 싶어서 시작한 사람은 없었다. 대부분 자기 관심사나 일상을 기록해 두려고 블로그를 열었다. 그러다 검색을 타고 블로그에 들어오는 사람들이 생기고, 인기 블로그들이 생성되자 업체들이 홍보를 부탁하기 시작했다. 블로그를 열심히 운영한 사람들은 파워 블로거가 되어 업체들의 주목을 받았다. 체험단이라는 이름으로 제품을 써보고 평가를 해달라고 하기도 했고, 새로 오픈한 식당들은 시식할 기회를 제공했다. 이때는 블로그에서 찐맛집을 발견하기 쉬웠다. 지금도 네이버 블로그에서 검색량이 가장 많은 것은 맛집, 카페, 음식점 등이다. 이후는 다들 짐작하다시피 검증도 안 된 홍보성 포스팅이 마구 올라오면서 네이버 개인 블로그는 조금씩 신뢰를 잃기 시작했다.

네이버 블로그 전성기에는 나 또한 블로그를 통해 많은 이익을 얻었다. 독서 모임에 대한 이야기를 블로그에 올리자 수강생들이 생겼고, 독서 모임에 나온 사람 가운데 몇몇 분들과 새로운 사업을 구상하기도 했다. 내게도 많은 포스팅 제안이 들어왔고, 한때는 블로그 마케팅 업체까지 운영해 보았다.

하지만 당시 네이버 블로그는 안정적인 수익 구조를 만들기 어려웠다. 블로그에 올릴 글의 주제를 선정하고 이미지나 사진도 보충하다 보면 아무리 짧은 글이라 해도 며칠의 시간이 소요된다. 부업삼아 활동비 몇십만 원이라도 벌자는 마음으로 시작해도 인내심이 무너지는 게 블로그다. 비슷한 주제를 운영하는 블로그가 워낙 많아지자, 레드오션으로 불릴 만큼 시장은 포화

상태에 이르렀다. 독특한 자신만의 콘텐츠를 누적하지 않으면 블로그로 수익을 내는 것은 쉽지 않다.

그런데 왜 자꾸 사람들은 수익형 블로그에 대해 이야기하는 것일까. 이는 구글 애드센스가 국내에 정착하면서부터 이슈가 된 것 같다. 제품 콘텐츠를 직접 올리는 것은 업체가 제공하는 지원비 몇십만 원뿐이지만, 애드센스로 광고 수익을 낼 수 있으면 순식간에 월 몇천만 원 수익이 이론상으로 가능하다. 블로그가 일종의 광고판 역할을 하는 것이다.

구글 애드센스라고 검색해 보면 수익을 인증하고, 블로그로 연봉을 벌 수 있다는 이야기를 많이 접할 수 있다. 과연 정말 그럴까? 이 분야의 전문가라고 할 수 있는 A를 내 유튜브 채널에 초대해 여러 가지 궁금한 점을 물어보았다.

네이버와 구글의 차이

A가 현재 구글 애드센스를 통해서 벌어들이는 수입은 월 1천만 원 이상이라고 한다. 처음부터 디지털 세계에 꿈의 기회가 널려 있다고 생각해서 시작한 것은 아니었다. 경제적 자유를 꿈

꾸는 모든 이들이 그러하듯 그도 돈이 간절했기 때문에 자신이 가진 컴퓨터 한 대로 할 수 있는 일이 무엇인지 끊임없이 찾았다. 인터넷 자료 조사를 통해 사람들이 말하는 돈 되는 부업은 다 찾아보고 한 가지씩 다 시도해 본다. 그 가운데 티스토리 블로그가 처음 수익을 가져다주었다. 물론 단순한 스토리를 올리는 것은 아니다. 티스토리 블로그에는 네이버 블로그와 달리 '애드센스' 기능이 있어서 가능했다. 현재는 네이버도 애드포스트라는 광고 블로그를 운영한다.

애드센스란 구글에서 운영하는 광고 시스템이다. 이용자가 유튜브나 블로그, 기업이나 개인의 홈페이지 등에 접속하면 자동으로 뜨는 광고가 바로 애드센스에 기반을 둔 것이다. 운영자가 개인 블로그나 홈페이지에 광고를 유치하고 수익을 얻고 싶다면 구글에서 제공하는 애드센스 코드만 추가하면 된다.

예를 들어 '비건'을 주제로 한 티스토리를 운영하고 있고 애드센스 기능을 추가하면 식품회사나 레스토랑의 광고가 티스토리에 붙는 식이다. 유튜브를 시청할 때 영상 시작 전 뜨는 광고도 마찬가지다. 블로그에 들어가는 광고는 유튜브 광고보다 많게는 몇십 배 정도 비싸게 책정된다. 이용자가 광고를 클릭할 때마다 수익으로 이어지게 구글이 책정해 놓았다.

티스토리와 네이버 개인 블로그는 수익을 일으키는 방식에 차이가 있다. 네이버는 유튜브 구독자처럼 블로그에 방문자가 1만 명 들어오고 10만 명 들어오면 그것으로 업체에서 광고나 협찬이 붙으면서 수익이 생기기 시작한다. 반면 구글 애드센스 기능을 추가한 티스토리는 방문지 숫자가 아닌 광고 클릭 수에 수익이 달려 있다. 한 명이 들어오든 10만 명이 들어오든 광고를 클릭해야 수익이 책정된다. 만약 내 블로그에 들어온 사람이 10명밖에 안 된다 해도 10명 모두 광고를 클릭하면 수익이 보장되는 것이다. 티스토리는 방문자가 많은 것도 좋지만 들어와서 광고를 클릭하게 만드는 것이 수익을 만드는 진짜 노하우이다.

A는 티스토리를 시작하고 처음 수익을 정산받기까지 그리 오랜 시간이 걸리지 않았다. 첫째 달에 30만 원을 받고, 월 1천만 원 수익을 올리기까지 1년 정도 소요되었다고 한다. 시작하면 맨 먼저 애드센스 승인을 받아야 한다. 티스토리 운영자가 어떤 내용으로 블로그를 운영할지 알 수 없기 때문에 한 달의 시간을 두고 구글에서 모니터링으로 자체 검증을 실시한다. 애드센스 승인받는 데에 통상 한 달 정도 소요가 된다. 유튜브도 미친가지이나. 구독자 수가 일정 수준에 도달해야 광고가 붙고 수익이 정산된다.

블로그는 진짜 정보를 찾아가는 중간 경로

최소 검증 기간을 통과하고 수익이 생성되기 시작하면 그다음부터는 내용과의 싸움이라고 할 수 있다. 정보를 다양하게 제공하고, 정보 때문에 유입된 이용자가 광고까지 클릭할 수 있도록 여러 노력을 기울여야 한다.

티스토리를 한번 해보고 싶다고 관심을 보이는 사람도 내용과의 싸움이라고 하면 일단 겁부터 먹는다. 통상 '글도 잘 못 쓰는데 내가 이런 걸 어떻게 해.'라고 자신 없어 한다. 네이버 블로그를 생각하면 그럴 수 있다. 네이버는 유입자가 많아야지 수익으로 연결시킬 수 있고, 그러기 위해서는 전문적인 알짜배기 정보로 사람들을 불러들여야 한다.

하지만 티스토리에서는 그 점에 연연할 필요가 없다. 앞서 차이를 설명했다시피 정보를 주는 것보다는 광고가 붙고 광고를 사람들이 볼 수 있게 만드는 것이 중요하다. 다소 어설픈 문장으로 쓴 내용이라 할지라도 그 내용이 사람들이 찾는 내용이고, 맞춤형 광고가 붙을 수 있는 내용이면 된다. 하지만 너무 겉핥기식 내용도 안 된다. 광고를 클릭조차 하지 않고 빠져 나가기 때문이다. 한마디로 티스토리에 올릴 콘텐츠는 사람들의 관심사에서 크게 벗어나지 않고, 대중적인 수준에서 자기 생각이 조금 가미된 정도면 되는 것이다. 겁먹지 않아도 된다.

티스토리로 수익을 내려면 열혈 팬을 확보하는 게 중요한 게 아니다. 티스토리를 읽는 사람들은 어떤 정보가 필요해서 찾다가 들어왔을 것이다. 필요한 정보인가 싶어서 읽다가 중간에 삽입된 이미지나 링크를 클릭한다. 사실 그것은 광고이다. 티스토리 방문자들도 그 정도 눈치는 있다. 그럼에도 그것이 자기가 필요한 정보라는 생각이 들면 클릭할 수밖에 없다. 사람들이 원하는 곳으로 갈 때 내 블로그나 포스팅에 들러 가도록 그 장치를 내가 마련할 수 있는가 없는가 하는 것이 곧 수익으로 연결된다. 클릭만 하면 광고로서의 역할을 다하고 해당 티스토리도 자기 임무를 완수하는 것이다. 방문자가 필요한 정보를 찾아가는 경로로 티스토리가 존재해야 수익을 낼 수 있다는 뜻이다.

수익형 블로그도 규모의 경제

A가 티스토리로만 일 수익 3천만 원을 올릴 때에는 하루 20개씩 포스팅을 했다고 한다. 하루에 목표한 포스팅이 20개가

되었든 30개가 되었든 꼭 달성해야 잠을 잤다고 한다. 꿈을 향한 엄청 고상한 날갯짓 같은 것으로 포장하려는 게 아니라, 실제 수익이 나는 것을 보니 한마디로 눈이 번쩍 뜬 것이다.

한 주제로 한 티스토리만 운영했을 때 300달러 정도의 수익을 얻는다고 가정해 보자(구글은 달러로 지급한다). 10개의 티스토리를 운영하고 같은 포스팅을 10군데에 다 올리면 한 번에 3천 달러, 월평균 10번 올리면 3만 달러를 벌어들일 수 있다는 이론이 성립한다. 다양한 주제로 여러 티스토리를 운영한 것이 월 수익 3천만 원의 비결 아닌 비결이었다. 수익형 블로그도 규모의 경제임을 알 수 있는 대목이다. 같은 일을 반복할 때 삽질한다고 하듯이 블로그도 삽질이 많으면 많을수록 수익이 좋아진다. 콘텐츠 사업은 창작사업이면서 제조업이다. 다른 사람이 생각하지 못한 것을 생각해야 하기 때문에 창작사업이고, 제품 팔듯 여러 개를 팔아야 돈이 되기 때문에 제조업의 특징도 갖고 있다.

또 다른 비결은 키워드에 있다. #을 붙이고 달아놓은 단어, 바로 그 키워드에 수익의 비밀이 있다. 블로거나 홍보 전문가들 사이에서는 황금 키워드가 존재한다.

황금 키워드는 어떤 이슈가 있어서 사람들의 이목을 집중시킨다면 그 이슈와 연관 짓는 키워드를 일컫는다. 월드컵, 미스

트롯, 수능 등 사람들의 관심사가 집중되는 이슈가 발생하면 자신이 올린 콘텐츠와의 연관성을 찾아서 이슈 키워드를 붙이는 것이다. 자신이 좋아하는 콘텐츠를 올린다고 해서 다 사람들이 관심을 가지는 것은 아니기 때문에, 처음 콘텐츠를 올릴 때에는 사회적 이슈나 관심사를 콘텐츠와 접목시킬 필요가 있다. 어떤 콘텐츠든 정직하게 올리되 연관성을 조금이라도 찾아서 사람들이 검색했을 때 검색결과로 자신의 콘텐츠가 노출될 수 있도록 키워드를 붙이는 것이다. 이것을 황금 키워드라고 한다.

여기까지는 누구나 생각해 낼 수 있다. 월드컵 시즌이면 대부분 월드컵 일정이나 출전하는 선수 정보를 찾는다. 이러한 평범한 정보는 네이버나 구글이나 비슷하다. 그 사이에서 내 콘텐츠가 떠오르게 하는 것이 관건이다. 내가 이용자라면 #월드컵일정을 클릭할까, #월드컵무료중계를 클릭할까? 월드컵무료중계를 클릭할 가능성이 높다. 다른 사람보다 한 단계만 더 들어가면 답이 보인다는 게 A의 단순한 고수익 비결이다.

핸드폰으로 검색해서 들어오면 광고가 먼저 전면에 뜬다. 사람들은 이 광고가 월드컵무료중계인가 싶어서 클릭하게 된다. 클릭한다고 해서 이용자가 손해를 보는 것은 아니다. 광고도 정보라서 필요한 사람은 클릭해서 광고의 제품을 보게 되고, 광고 애드센스를 추가한 운영자는 수익을 거두는 것이 수익형 블로그의 본질이다.

물론 그중에는 자신의 관심사가 아닌 광고를 만나는 것이 싫은 사람도 분명 있다. 싫은 사람은 광고를 차단하는 기능을 사용하면 되므로 광고 다단계이니 어쩌니 이런 걱정을 할 필요는 없다. 이용자들은 월드컵무료중계 방송을 보러 가기 위해 내 콘텐츠를 경로로 사용할 뿐이다.

사실 디지털 콘텐츠로 무엇을 얼마나 진지하게 전달할 수 있겠는가. 내 콘텐츠를 클릭하나 다른 사람의 콘텐츠를 클릭하나 이용자들이 얻어가는 정보에는 한계가 있다. 그래서 디지털 환경이 발달할수록 자신에게 도움이 되고 진정 필요한 정보는 책을 통해 구하는 게 맞다. 또 한 번 책 읽기의 필요를 강조하지 않을 수 없다.

매출은 수익이 아니다

A는 유튜브 채널도 운영하고 있지만 유튜브보다는 블로그 애드센스를 수익의 주무대로 삼으라고 조언한다. A의 유튜브

채널은 구독자가 2만5천 명 정도에 이르는데, 여기서 얻어지는 광고 수익은 월 100만 원 남짓이다. 유튜브 영상 편집자에게 편집비를 지불하고 나면 수익은 거의 0에 가깝다. 시간 대비 효율 면에서는 티스토리 같은 블로그 광고로 발생하는 수익이 훨씬 높다는 것이다

유튜브를 너도나도 한다고 덤볐다가 구독자수 1천 명을 못 넘기고 그만두는 경우가 허다하다. 왜? 수익 대비 시간과 노력, 인내심을 엄청 요하기 때문에 거의 버티지 못하는 것이다. 만약에 본인이 장비를 사서 직접 촬영하고 편집해서 올린다고 상상해 보라. 매번 어떤 아이템을 올려야 할지도 고민이고, 그것을 어떻게 촬영해야 구독자가 늘지도 고민이고, 썸네일 한 장에도 많은 고민과 시간을 쏟아 부어야 한다.

구독자수가 아무리 많아도 수익이 0인 경우도 발생한다. 저작권과 유튜브 사이에 콘텐츠 창작자 사각지대가 존재한다. 예를 들면 리아킴이 이끌고 있는 원밀리언은 공식 채널 구독자만 2,620만 명에 달한다. 하지만 언젠가 지상파 프로그램에 나와 리아킴이 수익이 없다고 밝힌 적이 있다. 댄스를 보여주는 채널이다 보니 배경으로 깔리는 음악 저작권자에게 수익이 돌아간다는 것이다.

이에 비해 블로그는 한 글자를 쓰는 순간 자기 콘텐츠가 된다. 사람들이 찾는 정보를 몇 줄의 글로 써서 중간 경로 역할을 하면 수익이 발생한다. 그것도 유튜브에 비하면 거의 몇십 배의 수익을 배분해 준다. 물론 티스토리 같은 블로그형 콘텐츠에도 많은 고민의 지점이 있다. 하지만 당장 컴퓨터 한 대밖에 없는 실정이고, 디지털 세계에서 무엇을 해야 할까 고민하는 사람들이라면 한 번 도전해봄직한 분야가 아닐까 싶다.

[3]
무자본 창업이 가능한 스마트스토어

세 줄 요약

☑ 스마트스토어는 싸게 사서 비싸게 파는 장사에 본질이 있다.

☑ 이미지를 팔아야 돈이 된다.

☑ 스마트스토어는 무자본에서 자기 브랜드까지 가능하다.

시드머니를 모으려고 예금이나 적금, 아르바이트 등 여러 방법을 동원해 보지만 막상 잘 모이지 않는다. 직장에서 받는 월급은 통장을 스쳐지나갈 뿐 먹고 쓰다 보면 곧 마이너스 신세다. 적금을 들면 다시 마이너스라는 생각이 들고, 도대체 자신이 뭘 할 수 있을까 싶어서 논 벌고 싶다는 마음만 있고 실행은 아무것도 못하고 세월만 보내기 십상이다. 이런 사람에게 추천하고 싶은 온라인 사업이 스마트스토어다.

스마트스토어 창업으로 제2의 인생을 살고 있는 J의 경우도 마찬가지였다. 뭘 하려고 해도 엄두가 나지 않을 때 스마트스토어를 알게 되었다. 결혼 당시 600만 원으로 시작한 거의 무수저에 가까운 인물이었다. 돈이 워낙 궁하다 보니 소액으로 비트코인이나 주식으로 투자를 시작했는데, 투자에 속속 실패하고 빚만 2억 원 넘게 지고 말았다. 마이너스 통장까지 다 찼는데 더는 어떻게 할 방법이 없는 상황까지 몰리게 되었다.

부양할 가족은 있고 월급으로는 도저히 앞이 보이지 않는 상황이었다. 당장 먹고 사는 것도 힘들지만 10년 후 20년 후를 생각하면 앞이 더 캄캄해지곤 했다. 돈 없이 할 수 있는 것은 로또와 부업 두 가지밖에 떠오르지 않아서 부업으로 택한 것이 스마트스토어였다. 스마트스토어에 대해 공부해 보니 무자본 창업이 가능한 시스템이라는 걸 알게 된 것이다.

천우신조라고 하늘이 도왔는지 전 세계가 꼼짝을 못하던 2020년 코로나 시기에 스마트스토어를 창업했다. 그가 만약 부업으로 다시 빚을 내어 오프라인 카페라도 열었다면, 고스란히 빚을 떠안고 다시는 재기하기 어려웠을지도 모른다. 그리고 코로나는 우리 생활을 생각보다 많은 부분 디지털로 전환시켰다. 집콕으로 인해 배달앱이나 온라인 쇼핑이 급성장하던 시기였다.

무자본 무재고 창업

스마트스토어가 무자본 무재고 창업이 가능한 것은 제품을 쌓아두는 게 아니라 제품 이미지만 있어도 시작할 수 있어서다. 본인이 팔고자 하는 상품을 보여줄 기회만 잘 포착하면 가능성이 열린다.

시스템은 이렇다. 도매에서 마우스를 1만 원에 팔고 있다. 내 스마트스토어에 똑같은 제품을 팔고자 한다. 팔면 이익이 남아야 하니까 같은 제품을 1만2천 원에 올려두고 주문이 들어오길 기다린다. 주문이 들어오면 1만 원짜리 물건을 사서 1만2천 원에 팔면 된다. 여기서 한 가지 의문이 든다. 소비자가 바보도 아니고, 직접 1만 원짜리 도매 사이트 물건을 사면 되는데 굳이 스마트스토어에 와서 살까? 그런데 스마트스토어 물건을 산다. 왜냐하면 스마트스토어가 입점된 네이버나 쿠팡 같은 곳에서는 실적에 따라 포인트나 깜짝 이벤트 할인 등을 통해 사업자가

1만2천 원에 파는 물건도 소비자는 9천 원이나 1만 원에 살 수 있기 때문이다.

네이버나 쿠팡에서는 소비자가 구매확정을 누르면 3일 이내 사업자 통장에 입금된다. 신용카드로 도매 사이트 물건을 사면 한달 뒤 카드대금을 지불하면 되니까 스마트스토어 운영자 입장에서는 한 달이라는 자금 유동성이 생긴다. 판매대금과 지불대금 사이에 한 달이라는 시간 차이가 있기 때문에 수익 실현의 기회가 생기는 것이다. 마우스 10개를 팔면 2만 원의 중간 마진을 확보하고, 이를 기반으로 다시 좋은 물건을 자신의 스마트스토어에 올려둔다. 점점 물량을 쌓아 가면 그에 따른 수익도 조금씩 쌓이는 구조를 만들어나갈 수 있다. 이 흐름을 잘 활용하면 스마트스토어는 무자본과 무재고로 창업이 가능하다.

스마트스토어의 성공 요건은 간단하다. 소비자들이 찾는 품목을 선정하고 적당한 유통마진을 책정해서 제품이 많이 팔리도록 하는 것이다. 요약하자면 오프라인 매장과 똑같은 시스템이지만 매장도 물품도 없는 가운데 선주문을 받아서 판매하는 것이다. 물품 대금은 자신이 가진 현금이나 신용카드를 충분히 활용하면 방법이 도출된다.

유튜브에서 상당한 유명세를 치렀던 경제방송 출신 PD도 처음에 스마트스토어를 운영해서 월 1천만 원의 수익을 올렸다고 해서 화제를 모았다. 그 노하우를 유튜브에 올려 2년 만에 구독자 130만 명까지 확장시켰다.

과거에 돈을 버는 방식은 실물경제에 기반을 둔 유통, 부동산, 주식 등등이 대부분이었다. 지금 우리 환경을 돌아보면 확연하게 그 차이를 느낄 수 있다. 스마트스토어의 경우 인터넷 보부상이라고 해도 과언이 아니다. 예전에는 실제 물건을 확보하고 옮기고 차액을 실현하는 실물경제였고, 지금은 실물 없이도 가능한 시대라는 점에 주목할 필요가 있다. 예전에 거래를 할 때에는 현금을 주고받았지만 지금은 은행계좌로 숫자만 주고받는 것과 같다.

스마트스토어는 시스템을 직접 빨리 경험하는 사람에게 기회가 보인다. J도 특별한 공부를 통해 자신의 목표를 달성한 것이 아니라 무작정 시작하고 보니 시스템을 이해하게 되었다고 한다. 스마트스토어도 온라인이지만 장사다 보니 경험하지 않고서는 설명이 안 되는 부분이 많다. 어떤 물건을 팔아야 하는지, 사입해서 시작해야 하는지, 위탁으로 판매해도 되는지, 상세페이지는 돈 주고 맡겨서 만들어야 하는지, 가격은 얼마를 책정해야 하는지 등등 남의 말만 들어서는 알 수 없는 것투성이다. 오프라인 창업과 다른 점은 실물이 아닌 이미지 장사라는 점이다.

J가 스마트스토어를 처음 열었을 때는 코로나 시기여서 운도 크게 따랐다. 처음 판매한 물건에서 얻은 수익은 고작 550원. 하지만 550원이 5만 원이 되고 50만 원이 되도록 끊임없이 손품을 팔아서 고객을 불러 모을 방법을 찾았다. 그가 고민만 하고 있었다면 코로나 시기를 마치 방학처럼 뒹굴뒹굴하며 보내지 않았을까.

장사에는 운, 운 뒤에는 노력

J가 첫 상품을 등록하는 데 걸린 시간은 3시간. 배달 아르바이트를 하면 몇백만 원 수입도 가능한 시기였는데 3시간을 낑낑대고 상품을 등록해서 550원을 벌었다. 우습게 여기고 그만두었으면 지금의 결과는 없었을 것이다. 그가 가장 많은 주문을 받은 것은 하루에 단일 상품 1천400개의 1만 원 마진이었다. 하루에 1천400만 원을 번 날이 나왔다.

우연과 요행이라고 생각할 것이다.

예전 다큐멘터리에서 본 장면이 떠오른다. 홍어를 잡으러 나간 배가 있었다. 미식 재료인 홍어는 마리당 가격이 높아서 홍어잡이에 성공하면 반 년 정도는 일하지 않아도 될 만큼 큰돈을 만질 수 있다. 하지만 홍어를 잡지 못하면 조업기간 동안 유류대, 선원 인건비 등등이 몽낭 빚으로 남겨진다. 그날 조업을 나간 배는 단 한 마리의 홍어도 잡지 못하고 돌아오고 있었다. 선원과 선장의 얼굴은 흙빛으로 변해 서로 말을 잃었다. 그 순간 기적 같은 일이 생겼다. 빈손으로 돌아가기 싫었던 선장은 혹시나 싶어서 어군 탐지기를 살피고 또 살폈는데, 순간 조기떼가 포착되었다. 홍어 대신 배가 가라앉기 직전까지 끌어올린 조기의 어획량은 하루 조업에 자그마치 1억 원어치였다. 선장이 남은 기름이라도 아끼려고 급하게 항구로 돌아왔으면 조기떼의 행운을 만나지 못했을 것이다. 행운에는 최소한의 노력이 따른다.

급여는 자신의 노동에 대한 대가의 상단이 정해져 있다. 정해진 틀 속에서 어찌해 볼 도리 없이 주어진 대로 살 수밖에 없다. 헤어 나오고 싶다면 최소한의 도전과 최고치의 노력이 동반되어야 한다. J는 고민 끝에 스마트스토어를 지푸라기 잡는 심정으로 시작했고, 남들은 포기하고 말았을 첫 수익에 남다른 의미를 부여하고 파고들었다. 코로나 시기여서 매출은 미친 듯이 상승했고, 6개월 만에 월 수익 1천만 원에 도달할 수 있었다. 돈을 잡기 위해서는 운도 따라야 하지만 운을 잡기 위해서는 노력이 반드시 필요하다.

스마트스토어의 전망

스마트스토어의 장점은 리스크가 적고 시간의 구애를 받지 않는다는 데에 있다. 이는 다른 사업과 비교했을 때 상대적으로 그렇다는 것이지 절대 출혈이 없는 사업이라고 생각하고 시작하면 역시 낭패를 본다. 우리는 필요한 정보를 성공사례에서 더 많이 얻는다. 따라서 다른 사람들의 성공사례를 자기 경우처럼 예상하면 안 된다. 그것은 하나의 정보이자 예시일 뿐이다.

스마트스토어로 월 매출을 키우는 데에도 단계가 있다.

첫 번째 단계, 무자본으로 시작하는 것은 경험이 없는 입문자에게 유용하다. 손품만 열심히 팔면 조금씩 성과가 눈에 보이기 시작한다. 이 대목에서 중도 하차하는 사람이 많다. 서서히 매출이 오르는 구간까지 한 달이든 두 달이든 인내심을 갖고 계속 해나가야 한다. 대부분의 스마트스토어 운영자들이 그 분기점을 월 매출 100만 원 정도로 잡는다. 그리고 중간 위탁판매 성격을 띠고 있어서 규모를 키우는 데에는 한계가 있다. 더 매출이 올라가지 못하고 답보상태에 접어든다. 다음 단계로 나아갈 타이밍이다.

두 번째 단계, 무자본 칭입으로 온라인 판매의 기초를 익혔다면 다음 단계로 도전해 볼 만한 것이 대량 리세일이다. 도매업자에게 사입해서 재고를 확보하고 파는 것이다. 이때부터는 자체 창고와 발송 시스템을 갖춰야 한다. 물류시스템을 위탁 거래하든지, 사입부터 발송까지 다 해주는 3PL(제3자물류)을 찾든지 포지션을 넓혀나가야 한다. 또한 스토어에 전문성을 가미할 필요가 있다. 의류만 해도 종류가 얼마나 많은가. 그 가운데에서도 등산복인지 운동복인지 속옷인지 정하는 것이 좋다. 최종 단계로 가기 위해서이다.

세 번째 단계, 자기 상품이다. 전문적인 유자본 스토어에 자신감이 붙으면 자체 개발 상품을 팔 준비가 된 것이라고 본다. 초보자들이 흔히 저지르는 실수 가운데 하나가 아이디어로 승부를 보기 때문에 자체 개발 상품을 팔려는 생각을 맨 먼저 하다는 깃이나. 창업이라고 하면 대박 아이템이 있어야 성공할 수 있다는 막연한 생각 때문이다.

창업에도 순서와 단계가 있다. 시장 경험도 없는 상태에서 막대한 돈을 들여서 리세일이나 자체 개발을 먼저 한다면 어떻게 되겠는가. 실패했을 때 쌓인 경험을 밑천 삼아 다시 도전할 용기를 내기 어려워진다. 경험만 쌓이면 좋은데 실패하면 빚도 함께 쌓인다.

스마트스토어를 시작했다가 실패를 경험하고 지금은 애견숍에서 일하고 있는 20대 초반 친구를 만난 적이 있다. 고등학교를 졸업하고 지역에서 운영하는 청년창업 프로그램에서 배우고 스마트스토어를 시작한 친구였다. 혼자 사는 직장인들이 청소를 잘하지 못한다는 데 착안해서 로봇 청소기를 아이템으로 잡았다. 이미지만 올려두고 주문이 들어오면 다시 자기가 주문해서 발송하는 시스템으로 시작했으면 좋았을 텐데, 아무리 생각해도 그렇게 하면 안 될 것 같았다고 한다. 로봇 청소기를 직접 중국에 가서 발품을 팔아서 사입해 왔다.

청년창업 프로그램에서 저리로 창업자금을 대출받아서 사왔는데 결과는 처참했다. 엄마 친구들이 몇 개 팔아주는 데에서 끝났고, 창업자금 대출은 고스란히 갚아야 할 빚으로 남았다. 사입한 로봇 청소기는 어떻게 했냐고 물었더니 온라인 제품 땡처리하는 업체에 사입원가에 1천 원을 붙여서 팔았다고 한다.

아마 그 로봇 청소기는 운 좋은 스마트스토어 사업자에게 마진을 남길 좋은 기회가 되었을 것이다.

이 친구는 중국에 다녀온 비용, 재고물건을 보관하는 창고 및 사무실 비용, 몇 달 동안의 교통비와 식대 등이 다 갚아야 할 빚으로 남고 말았다. 물건을 직접 확보하지 않고 무자본으로 시작했다면 이런 일은 피할 수 있었을 텐데, 창업 2단계에나 할 법한 사입 창업으로 바로 시작한 게 패착이었다.

스마트스토어의 장점 또한 시간 관리가 용이하다는 데 있다. 자유로운 시간과 경이로운 수익에 매료되어 청년창업자들은 계속 늘어나고 있다. 하지만 본인들이 생각하는 수익까지 가려면 직장에 다니는 것보다 더 힘들 수도 있다는 점을 간과해서는 안 된다. 스마트스토어에서 성공한 사업자들은 퇴근 후 몇 시간을 활용하면 부업으로는 손색이 없다고 말한다. 그 말이 의미하는 바는 웬만해서는 직장인 월급만큼 벌기 어렵다는 뜻이다. 그들이 입 모아 말하는 적은 리스크는 타 사업과 비교해서 상대적으로 그렇다는 뜻이다.

스마트스토어의 또 하나의 장점은 뜬구름 잡는 사업이 아니라는 데 있다. 이는 실제 많은 사람들이 도전하는 이유이기도 하다. 사실 사고 회로를 전환하는 것은 쉽지 않다. 디지털 환경으로 급변하지만 내가 익숙하지 않으면 금세 포기하게 된다. 그런데 스마트스토어는 물품을 사고팔면서 차익을 남기는 장사의 원리가 그대로 적용되어 있다. 남보다 조금 더 부지런하게 움직이면 시스템을 이해하기 쉽고, 수익도 눈에 보인다.

게다가 시장 전망도 밝은 편이다. 온라인 이용자는 앞으로 늘어나면 늘어났지 줄어들지 않는다. 사람들이 안 쓰고는 못 버티는 제품을 판다면 오랫동안 사업을 이어가고 매출도 늘릴 수 있다. 점점 기술이 발전하면 여타 콘텐츠 사업들은 타격을 받는 일이 생길지도 모른다. 구글의 애드센스 같은 정책은 언제든 바뀔 여지가 있다. 하지만 의식주에 연관된 것은 어떻게든 살아남게 되어 있다. '다 먹고살자고 하는 일'은 경제를 지탱하는 기본 바탕이기 때문이다.

[4]

자가발전 시스템을 만들기 좋은 공유숙박업

세 줄 요약

☑ 에어비앤비와 위홈의 차이를 알고 시작하라.

☑ 공유 비즈니스도 콘텐츠 싸움이다.

☑ 생각보다 많은 노동을 필요로 한다.

사람이 여유가 생기면 가장 하고 싶은 게 여행이다. 리프레시도 되고, 그동안 못하고 꿈만 꿨던 문화와 여가를 즐김으로써 삶의 질이 한층 높아진 것을 체감하고 싶어 한다. 여행할 때 가장 중요한 체크 포인트는 숙소다. 좋은 숙소를 구하면 여행 기분은 최고조로 날아오른다.

멀리 해외여행을 갈 때도 중요하지만 전반적인 생활수준이 높아진 우리나라에서 국내여행도 매우 잦아져 숙소가 중요한 변수로 떠오른다. 이러한 분위기를 타고 서울 부산 같은 대도시, 산촌, 농촌, 어촌 등의 체험형 장기 여행 등 여행의 패턴이 다양해졌다. 이에 탄력받아 공유숙박업은 국내에서도 활성화되는 추세다.

공식적으로 공유숙박업이라는 말은 없다. 숙박업 자체가 우리나라에서는 지역별로 형태별로 규제받는 법령이 다르기 때문에 공식적인 명칭을 부여하기 어렵다. 한마디로 여행객에게 내 방 한 칸을 빌려주고 돈을 받는 일이다.

현금화가 잘되는 에어비앤비

가장 널리 알려진 에어비앤비는 자기 집의 빈 공간을 여행객들에게 제공함으로써 수익을 거두는, 큰 자본 없이 바로 시작할 수 있는 부업이다.

음반 회사에 다니던 C는 서른 살이 되던 2014년에 처음 에어비앤비를 시작했다. 전업으로 한 것은 아니고 현금이 필요해서 자취방의 빈 공간을 여행객에게 빌려주는 형식으로 작게 시작했다. 방 하나를 에어비앤비용으로 내놓고 얻은 수익은 월 100만 원 정도였다. 월급쟁이 입장에서 100만 원은 큰 보탬이 되었고, 그 재미에 한때는 총 네 군데 에어비앤비를 운영하기도 했다.

ㄱ는 에어비앤비의 장점을 누 가지 정도로 꼽는다. 첫 번째는 **진입장벽이 거의 없다는 것이다.** 자기 공간 한쪽을 임대해 주면 되기 때문에 무자본으로 바로 시작할 수 있는 부업 가운데 하나다. 욕심을 부린다면 아트스페이스 느낌이 나게 약간 인테리어를 해서 여행객들이 사진만 봐도 선택하고 싶은 정도의 수고만 하면 된다.

두 번째는 저절로 돌아가는 시스템으로 만들기 매우 용이하다는 점이다. C는 현재 다른 사업과 병행하느라 다 정리하고 한 군데만 운영하고 있다. 다른 사업은 마케팅과 대인관계에 많은 정성을 들여야 하고 끊임없이 연구해야 하는 반면, 에어비앤비는 자기 집을 관리하는 수준에서 시스템을 만들면 원활하게 돌아간다. 한 마디로 가성비가 좋다. 들이는 노력에 대비 현금화가 잘되는 장점이 있다.

에어비앤비를 시작하려면 법적인 요건을 미리 파악해야 한다. 일반 숙박업소가 아니기 때문에 서울수도권에서는 도시민 박업, 그 외 지방은 농어촌민박업으로 허가를 받아야 한다. 그리고 230제곱미터가 넘지 않아야 한다. 자신이 세대주로 등록된 주택에 원룸은 불가하고 투룸 이상이어야 허가를 받을 수 있다. 원칙적으로 내국인이 아닌 외국인 대상이다. 허가를 신청하려면 몇 가지 서류 요건을 갖춰야 한다.

나머지는 심리적 요인이 오픈의 걸림돌이 될 수 있다. 내 공간에 낯선 사람이 들어와서 돌아다니는 것을 감수할 수 있어야 한다. 고객을 받으려면 아무리 작아도 서비스 불편사항을 해결할 수 있는 능력이 있어야 한다. 길안내를 돕는다든지, 청소나 침구 등의 민원사항을 해결해 주는 것은 은근히 체력을 요하는 일이다. 하나가 아닌 둘 이상을 운영한다면 부업으로 하기 어려운 직종이기도 하다. 들어와서 돌아다니는 것까지는 감수하겠는데 귀찮은 것을 싫어하는 유형이라면 에어비앤비 운영은 엄청 고된 노동이 될 수 있다. 성향상 서비스 직종에 종사할 정도로 친화력이 있고, 부지런한 사람이라면 추천할 만하다.

에어비앤비를 잘 운영하면 에어비앤비 슈퍼호스트에 선정되어 좋은 기회를 만들 수 있다. 에어비앤비 슈퍼호스트는 유튜브의 실버메달과 골드메달 같은 것이다. 분기에 한 번씩 평가를

숙박업 분류

구분	외국인관광도시민박업	농어촌민박업	한옥체험업
법령	관광진흥법	농어촌정비법	관광진흥법
등록 기준	• 연면적 230m² 미만의 주택 소유 혹은 임차 • 외국인 안내 서비스 가능해야 함 • 소화기/객실화재감지기/일산화탄소경보기 설치	• 연면적 230m² 미만의 단독주택 소유(해당지역 3년 이상 거주자는 예외) • 6개월 이상 상시 거주자(상속은 예외) • 조식제공 시 주방시설 완비해야 함 • 소화기/객실화재감지기/주방 가스투설경보기 설치	• 전통문화체험이 가능한 시설 • 연면적 230m² 미만 • 소화기/객실화재감지기/일산화탄소경보기 설치
건물 용도	주택(단독/공용)	주택(단독)	주택(한옥 등)
제한 사항	• 도시지역 • 외국인관광객만 허용 • 주인 거주 의무 • 연면적 230m² 미만	• 농어촌/준농어촌 지역 • 주인 거주 의무 • 연면적 230m² 미만	• 연면적 230m² 미만 • 월 1회 이상 소독 • 영업시간 동안 관리자 배치

* 공유숙박창업지원센터 참고

받는데, 청결도 정확성 커뮤니케이션 같은 평가항목에서 평점 4.5점 이상을 맞아야 한다. 이를 통해 상위 5%, 상위 3% 슈퍼호스트 등급이 정해진다.

슈퍼호스트가 되는 것은 어렵고 까다로운 일이 아니다. 고객 후기를 살 받도록 관리하면 된다. 외국인 관광객을 대상으로 하다 보니 소통을 잘하기 위해 대면 스킨십을 가지는 게 좋다. 연

박을 하거나 3박씩 머무르는 이들이라면 중간에 한 번씩 들러서 지내기 불편함이 없는지 체크해 주고 맛집이나 둘러볼 만한 곳을 알려주면 반응이 좋다. 한국적인 웰컴 기프트를 준비해 두는 등 약간 센스를 발휘하면 더욱 좋다. 자기 나라로 돌아가서 후기를 어떻게 남길지 모르고, 다시 여행 왔을 때 또 머무를 수도 있기 때문에 고객관리 측면에서 신경을 써야 한다. 친절하고 부지런해야 할 수 있는 직종임에는 틀림없다.

돈 이외의 부가가치

C의 경우 에어비앤비로 돈을 버는 것도 좋았지만 특별한 경험을 할 수 있어서 더 좋았다고 한다. 매년 에어비앤비 본사에서 전 세계 슈퍼호스트를 대상으로 베스트오브베스트를 정하는데 거기에 뽑혀서 교육 파티에 참석할 수 있었다. 돈 벌기 위해 혼자 창업하는 사람들에게 파티나 교육받을 기회는 흔치 않다. C의 경우 프랑스 파리에서 열린 파티에 한국 대표로 초대되어 다녀온 경험이 인적 네트워크와 사업적 식견을 넓히는 데 큰 도움이 되었다고 한다. 평범한 직장인이 부업 삼아 시작한 에

어비앤비 하나 잘 운영해서, 국가대표 자격으로 초청받아, 알랭드 보통 같은 세계적인 작가의 강연도 들을 수 있었다는 것이다. 이후 민간 엠베서더로 활동하고 있는 C는 에어비앤비를 통해 수익뿐만 아니라 자기 삶을 업그레이드한 경우라 하겠다.

외국인을 상대해야 하기 때문에 혹시 에어비앤비를 하려면 영어를 잘해야 하지 않을까? 꼭 그렇지만은 않다고 한다. 기본적인 호스트 교육을 받을 수 있고, 번역 앱도 활용하면 큰 어려움이 없기 때문에 시작하는 용기만 있다면 누구나 도전할 수 있는 부분이다.

에어비앤비만 해도 많이 알려진 부업이라서 도전자가 많고 경쟁도 치열하다. 또한 강남이나 홍대에 많이 몰려 있는 편이다. 그렇기 때문에 그 외 지역에서 에어비앤비를 운영하는 것도 대안이다. 외국인들은 서울 혹은 부산 등 알려진 도시를 방문하는 것이지, 홍대와 강남만 고집하지 않는다. 서울은 지하철이 잘 되어 있어서 지하철로 30분 이내라면 외국인 입장에서는 큰 문제가 되지 않는다. 한국처럼 작은 면적에 지하철과 공공 서비스가 잘 되어 있는 나라는 드물다. 큰 마트에 가려고 해도 차로 30분 가는 나라에서 방문한 외국인들이라면 지하철 30분은 가까운 거리로 여긴다.

시내 중심가에서 떨어진 곳이라 해도 가격이나 서비스 면에서 경쟁력을 높일 방법을 찾으면 수익을 낼 수 있다. 인테리어를 좀 특색 있고 고급스럽게 하거나, 두 번 방문하고 싶을 정도로 이색적인 이벤트를 선사하는 식이다. C의 하나 남은 에어비앤비는 성북구 정릉에 있지만 수익에 하나도 걸림돌이 되지 않는다고 한다.

C는 지인의 돌잔치에 게스트를 데리고 간 적이 있었다. '돌잡이'를 외국인들이 매우 신선한 경험으로 받아들였다고 한다. 실을 잡으니 오래 살 것이라고 박수 치고 덕담하고, 청진기를 잡으니 의사가 될 것이라고 덕담하는 장면을 신기해했다. 외국인 눈에 한복 입은 가족들이 다 같이 모여서 여러 가지 돌잡이 용품을 놓고 박수 치는 게 마치 하나의 주술적 행위처럼 보일 법도 하다. 작지만 이런 이벤트는 그들이 후기를 남길 때 엄청난 효과를 본다고 한다. 공간을 더 전통적으로 꾸민다든가, 시장에 데려가서 길거리 간식을 맛보게 해주는 등의 작은 콘텐츠로 일약 스타급 숙소로 올라설 수도 있다.

슈퍼호스트 배지를 받으면 상단에 런칭이 되고, 사람들의 이목을 끌기가 쉽다. 슈퍼호스트 배지는 마치 식품의 해썹 인증 같은 믿고 찾는 안심 숙소 같은 느낌을 준다. 이 점에서 좋은 공간에서 즐길 수 있는 콘텐츠를 제공하는 것은 상당히 노력해야 할 포인트다.

수익성 고민

그럼 꼭 외국인들만 게스트로 받을 수 있을까? 국내 게스트를 받을 수 있는 시행법도 있다. 숙박 일수 중에 1/3 정도를 외국인이 아닌 내국인을 받을 수 있다. 수익 면에서는 내국인을 받는 게 그렇게 좋은 전략이라고는 할 수 없다. 외국인의 경우 최소 2박 이상 머물지만 내국인의 경우 1박 이상을 하는 경우가 거의 없다. 체크 인 아웃이 자주 발생하면 그만큼 운영 면에서 수익이 줄어든다고 봐야 한다.

적극적으로 내국인까지 다 고객으로 확보하고 싶다면 한국형 에어비앤비로 런칭한 '위홈'을 고려해 볼 만하다. 대한민국에서 단 하나뿐인 '내국인 공유숙박 합법 플랫폼'을 내세우는 위홈은 불법적으로 내국인에게 임대하는 폐단을 보완해서 탄생했다. 서울시와 부산시에서 공유숙박업을 하고 싶은 사람들은 위홈에 등록하면 합법적인 공유숙박업이 가능하다. 2024년

7월까지만 특례를 허가받았다고 하니 이후에 공유숙박업을 시작하려는 사람들은 확인이 필요하다.

공유 비즈니스 시대

공유 비즈니스는 지금은 더 이상 새로운 개념이 아니다. 내 소유지만 내가 1년 365일 사용할 수 없기 때문에 필요로 하는 사람에게 임대하고 수익을 내는 방법을 찾아낸 것이 공유 개념이다. 집, 사무실, 주방, 차 등등 예전에는 소유해야만 사용할 수 있었던 많은 것들이 공유되고 있다. 소비 방식이 바뀐 것이다. 스마트스토어가 유통 방식이 디지털화된 것이라면 공유 비즈니스는 소유 방식이 디지털화된 것이라고 할 수 있다. 배달도 마찬가지다. 예전에는 중국집마다 피자집마다 배달종업원을 고용해야 했다. 지금은 배달앱이 배달종업원을 공유할 수 있게 만들어줬다.

IT 기술이 발달할수록 공유 비즈니스는 더욱 영역을 넓혀 나갈 것이다. 렌탈업도, 구독업도, E-러닝도 따지고 보면 공유 비즈니스다. 한정된 재화를 쉼 없이 여러 사람이 사용한다. 즉 공유 비즈니스는 24시간 풀가동될 때 수익이 극대화된다.

어떻게 풀가동시킬 수 있을까. 에어비앤비는 각종 규제, 예약 오류를 감안해야 하고, 위홈은 가격 저항선 때문에 풀 가동이 쉽지 않다는데 어떻게 해야 하는 걸까?

에어비앤비에서 공유 비즈니스의 틀을 갖춘 C는 이후 스튜디오 레탈 사업에 뛰어들었다. C는 내 독서키페에 가입하면서 알게 되었는데 내가 만날 때마다 부동산의 가치에 대해 부르짖었더니 어느 날 덜컥 합정동의 빌라를 매입해 버렸다.

마침 전세가와 매매가가 거의 붙어 있는 시점이라 월세 보증금 수준에서 빌라를 매입할 수 있었다. 4년 후 시세 차익을 4천500만 원 남기고 팔았고 그 돈으로 다시 정릉에 오래된 주택을 한 채 구입했다. 100년 된 구축 가옥을 대출 70% 끼고 매입 후에 인테리어를 해서 여러 용도로 임대를 놓기 시작했다. 겉은 100년 가옥인데 속은 현대식 명상공간처럼 꾸민 덕분에 광고 촬영 문의가 들어오기도 했고, 직원들 워크숍 용도로도 렌탈이 되었다. 때로는 기념 파티를 하려는 친구들이 두어 시간 빌리기도 했고, 새로운 사업 프레젠테이션 장소로 예약이 되기도 했다.

공유 오피스 혹은 공유 숙박이라는 한 가지 콘셉트였다면 이토록 다양한 사람들이 다양한 이유로 C의 공간을 임대하지 않앉을 것이다. 물론 숙박 같은 단순 임대보다 수익률도 높았다. **결국은 공유 비즈니스도 콘텐츠 싸움이다.** 사업에 레드오션은 존재하지 않는다. 레드오션으로 여기고 미리 사업을 접는 사람들은 있다.

C 덕분에 어떤 일이 벌어졌냐면, 오래된 주택만 즐비한 주택가 라인 전체의 부동산 시세가 급상승했다. 젊은 사람이 집을 사서 사업을 시작하고 언론에 소개가 자주 되다 보니 그 라인 전체 가치가 함께 올라간 것이다.

C는 이제 자신의 공유 숙박업을 스튜디오 렌탈이라고 하지 않고 '커뮤니티 공간 렌탈 사업'이라고 부른다. 에어비앤비, 촬영 스튜디오, 웰니스 프로그램 운영, 소규모 워크숍, 소규모 공연, 프러포즈 공간 등등 한 공간을 다양한 방식으로 사용할 수 있게 커뮤니케이션 기능을 강화한 것이다.

커뮤니티 공간에 대한 수요는 앞으로 더욱 확장될 것이다. 초개인화 사회라고 한다. 자기 공간은 소중해서 더욱 감추되, 공유 공간에 대한 수요는 꾸준히 늘어날 것임을 유추해 볼 수 있다.

"투자는 삶에 피폐한 영향을 미치지 않아야 한다.
수익이 높아야 한다. 시간 대비 가치가 올라가야 한다."

3장

스몰머니를
빅 머니로 만드는
부동산 경매

SMALL MONEY INVESTMENT

[1]
주식보다 부동산을 권하는 이유

세 줄 요약

☑ 부동산 투자에 100% 손실은 없다.

☑ 부동산도 소액 투자할 방법이 있다.

☑ 주식에 단타매매가 있다면 부동산에는 경매가 있다.

우리나라 일반인 자산의 80%가 부동산이다. 사고팔 수 있는 것 가운데 가장 큰 액수를 차지한다. 시세 차익을 내는 상품 가운데 부동산만큼 큰 거래는 없다. 하지만 즉시 사고팔아 현금화하기는 어렵다. 그래서 더 엄두가 안 나고 한 번 투자를 잘못하면 만회하기 힘들 것 같은 두려움이 앞선다.

부동산은 개인 재테크 플랫폼 역할

사실 투자를 한 번 잘못해 만회하기 힘든 것은 주식이지 부동산이 아니다. 부동산은 상장 폐지될 염려도 없고, 갑자기 무상증자나 유상증자로 소유주를 들었다 놨다 하지도 않는다. 주식은 상한가도 하루에 30% 이상은 오를 수 없게 제한하지만 부동산이 오르는 것을 법으로 막을 방법은 없다.

모두가 갖고 있는 물건은 언젠가는 시장가가 하락하기 마련이다. 또 모두가 필요로 하는 것은 언젠가는 시장가가 상승한다. 마찬가지로 부동산도 오르내리고를 반복하는 성질을 지녔다. 누군가는 아파트 가격이 가장 비쌀 때 더 오를까 봐 영끌해서 사고, 누군가는 두세 배씩 올라 시세 차익을 내고 판다. 사는 사람이 있으니까 파는 사람이 있는 것이다.

나이가 어릴수록 부동산에 투자를 하라 권하는 것은 '안전'이라는 매우 확실한 기준이 있어서다. 주식과 부동산의 가장 큰 차이는 '100% 원금 손실 위험' 유무다. 부동산은 원금의 100%를 까먹을 염려가 없다. 경매로 집을 날린다고 해도 최소한 대출금은 갚다 썼을 것이다. 하지만 주식은 상장폐지 되면 한 푼도 건질 수 없다. 가상화폐도 마찬가지다. 1천 원 하는 코인이

100원이 되어 -90% 손실은 날 수 있어도 부동산은 -90% 손실은 거의 없다.

그리고 부동산은 기회비용을 따로 생각하지 않아도 된다. 금융상품에 투자하면 이자나 수익을 거두기 전까지 돈을 빼서 쓸 수 없다. 금융상품에 들어간 돈은 두 가지 역할을 할 수 없다. 하지만 부동산에 들어가는 돈은 그냥 묻어두는 게 아니다. 임대를 줘도 되고, 임대가 안 나가면 최후에는 본인이 사용할 수도 있다. 다들 플랫폼 사업이 돈이 된다고 하는데 부동산이야말로 개인들에게 재테크 플랫폼 역할을 해줄 수 있다.

부동산을 바라보는 관점을 바꿔야 투자로 돈을 불려나갈 수 있다. 갖고만 있으면 자산이 아니다. 자산이라면 내가 쓰고 싶을 때 쓸 수 있어야 하는데 집 한 채가 자산의 전부라면 집을 쓸 수 있을까? 나이 들수록 애써 한 채 마련한 아파트는 자녀 학비나 결혼비용 등으로 대출비중이 점점 높아진다. 나중을 대비해 퇴직연금, 국민연금, 개인연금 등 노후대비를 해야 한다고 주장하는 사람이 많다. 나이 들면 월급처럼 들어오는 수입이 있어야 하는 것도 맞지만 왜 이렇게 연금만이 살 길이라고 외치는 건지 모르겠다. 그것도 맞지만 그 길밖에 없는 것은 아니다. 부동산이 많으면 팔아서 쓰면 되는데 자산으로써 부동산이 가진 가장 큰 문제는 거의 대부분은 팔 수 없는 내 집 한 채밖에 없다는 데 있다.

돈 많은 사람들이 월세를 더 선호한다는 이야기를 들어본 적이 있을 것이다. '아니, 돈도 많은데 왜 월세에 살아? 월세가 아깝지 않나?' 하는 의문이 생길 것이다. 돈을 잘 굴리는 사람은 집에 깔고 있는 돈이 제일 아깝다고 한다. 이는 부자한테만 해당되는 소리가 아니다. 가진 것이라고는 집 한 채뿐인 사람에게도 해당된다. 자산의 대부분이 굴리지 못하는 집에 들어가 있다면 무슨 돈으로 투자를 할 수 있겠는가. 요즘처럼 각종 규제는 많아지고, 시장은 얼어붙고, 금리는 높아지는 때에 만약 대출받은 집을 깔고 있다면 어떻게 될까. 이자가 부담스러워 팔려고 해도 팔리지도 않는다.

부동산 또한 주식이나 금융상품처럼 이익을 내는 거래로 생각하면 되는데 대부분 실행하지 못한다. 가장 큰 이유는 역시 '두려움'이다. 혹시라도 잘못되면 어떡하나 싶은 생각에 재테크라면 금융상품을 우선 떠올린다. 그다음에는 '귀찮음'이다. 이사를 하려면 집을 내놓고, 알아보고, 시간을 조정하고, 돈을 조정하고, 등기에 취득세에 생각만 해도 머리가 아프다. 토지는 이사하는 번거로움은 없다 해도 다양한 임장경험을 쌓아서 좋은 땅을 골라야 한다. 게으른 사람은 부동산으로 돈 벌기 어렵다. 매년 이사 다니는 사람도 있다.

소액 지분 투자 경매로 돈을 벌 수 있다고 아무리 알려줘도 움직이지 않는 사람도 많다. 일반 매매도 아니고 적극적인 행동을 해야만 차익을 실현하는 부동산 경매에 쉽사리 도전하지 못하는 것 역시 공부해야 하는 귀찮음, 잘 모른다는 두려움 이런 것들이 내면에 깔려 있다.

자녀들을 교육시키고, 노후대비도 해야 하는 50대 가장이 집을 밑천 삼아 재테크에 도전하기란 쉽지 않다. 평범한 경우 오히려 쓸 돈조차 모자란다. 그래서 부동산 투자 또한 한 살이라도 젊을 때 일찍 시작해야 한다. 젊은 만큼 운신의 폭이 커지고 기회가 더 많이 자주 생긴다. 돈이 없어도 2, 3년 허리띠 졸라매서 시드머니를 마련할 용기를 낼 수 있다. 적은 돈이라도 시드머니가 마련되면 주식의 단타 매매처럼 부동산도 그렇게 접근할 여지가 있다. 바로 경매다.

내가 20대부터 경매나 공매로 부동산에 투자했다면 지금보다 몇십 배는 더 자산을 불렸을 것이다. 하지만 시간은 돌아오지 않는다. 지금 이 책을 읽는 분들이 20대의 유근용이라고 생각하고 그 방법에 대해 최대한 이해하기 쉽고 간단하게 알려

드리고자 한다. 경매나 공매를 통해 작은 투자부터 시작한다면 30대, 40대에 자산 100억 원에는 충분히 도달할 수 있다고 믿는다.

누구나 다 된다고 장담할 수는 없다. 노력 여하에 달려 있기 때문이다. 마치 고1과 고3의 차이라고나 할까. 고1 때는 누구나 다 좋은 대학 갈 수 있다는 희망을 갖고 공부한다. 족집게 과외에 유명 학원 프로그램 다 붙이지만 고3에 올라가면 좋은 대학 갈 친구는 반에서 한두 명으로 좁혀진다. 왜? 3년 동안 끈질기게 따라오는 학생에게만 성과가 생기기 때문이다. 경매도 마찬가지다. 끈질기게 2, 3년 매달리면 성과가 생긴다.

부동산 투자는 고등학교 공부보다 더 쉽다. 많은 과목을 외우지 않아도 된다. 1등부터 10등까지 가는 곳이 정해진 곳도 아니다. 더군다나 경매는 돌아가는 프로세스만 정확하게 이해하면 반드시 성과가 나온다. 사실 나는 공부하는 것보다 부동산 투자가 더 쉬웠다. 학교 때 공부에 취미가 없었던 것은 내게는 공부라는 실체가 없었기 때문이다. 부동산 투자는 실체다. 자산과 돈이 불어나는 게 눈에 보인다. 경제적 자유는 돈에 대한 자유가 아니라 시간에 대한 자유다. 먹고 싶은 것을 먹고, 쉬고 싶을 때 쉬고, 돈 벌고 싶을 때 벌 수 있게 해준다. 작은 눈덩이만 만들면 그다음부터는 성큼성큼 굴려 나갈 수 있다.

바디 프로필 찍기 좋아하는가. 부동산 경매는 헬스와 비슷한 점이 참 많다. 처음에는 뭐부터 해야 할지 잘 모른다. 과연 내가 될까 싶은 의구심도 생긴다. 용어도 낯설고 처음 배울 때는 금방 까먹는다. 그리고 누가 대신해 줄 수도 없다. 가시적인 성과를 내기까지 꾸준히 하기 힘들고 시간이 지날수록 포기하는 사람이 늘어난다. 몸을 움직여야만 성과가 보이고, 하루 빨리 성과를 얻고 싶어 하지만 과욕을 부리면 참사가 발생한다. 거리가 멀수록, 혼자 할수록 꾀가 나지만 결국 할 사람은 한다. 얼마나 닮은 꼴인가.

자기 몸을 만드는 헬스에 성공한 사람이라면 경매로 돈을 버는 것도 성공할 수 있다. 어려운 일이 아니라 욕망을 참고 꾸준함을 요하는 일이다. 그리고 끌어주는 전문가의 도움을 받으면 훨씬 쉽다는 점도 유사하다. 네이버 카페 라이프체인징(https://cafe.naver.com/changeyoureverything)에는 함께 공부하고 결실을 맺은 뒤 활동하는 많은 전문가들이 있으니 들르면 도움이 될 것이다.

부동산 투자는 전망이 아니라 현금 동원력

2024년 부동산 전문가들의 전망은 낙관적이지 않다. 그 어느 때보다 경매가 많이 쏟아질 것이라고 한다. 이 전망은 부동산 투자에 아무 영향이 없다. 부동산 호황기에도 경매나 공매는 항상 나온다. 아무리 탐나는 경매 물건이 많이 쏟아져도 내가 가진 돈이 1천만 원밖에 없으면 입찰 보증금이 1억 원 이상 들어가는 물건에는 도전할 수 없다. 부동산 투자는 시장상황이 아니라 현금 동원력이 얼마냐에 달려 있다. 그리고 아무리 적은 돈이라도 할 수 있는 투자가 있다. 투자의 포인트는 관심이다. 불경기 호경기에 상관없이 몰입하면 반드시 성과로 돌아오는 분야가 경매다.

내가 처음 부동산 경매에 눈을 뜬 것도 현금이 제일 부족할 때였다. 아파트 세 채에 갭 투자를 한 뒤라 생활비까지 극단적으로 줄이고 있을 때였다. 너무 숨이 막혀서 한 채라도 팔아서 쓰려고 했지만 마음대로 되지 않았다. 주거용 아파트는 시장가가 10%만 올라도 정부에서는 주택가격 안정화라는 명분으로 삭종 규세 빙인을 내놓는디. 이파트를 살 때 일정 비율 이상 대출받지 못하게 하는 LTV, 거기에 더해 개인 총부채 규모를 가

늘해서 대출 가능 여부와 한도를 규제하는 DTI 등 대출을 끼고 집을 사려는 서민들에게는 각종 규제를 덮어씌운다. 그러면 시장에서는 사려는 사람보다 팔려는 사람이 많아진다. 내가 팔고자 할 때 원하는 가격에 팔기 어려워진다. 게다가 목표한 시세차익이 났을 때 빨리 행동에 옮길 수 있어야 하는데, 살고 있는 사람이 있어서 그것도 마음대로 할 수 없다.

그제야 깨달았다. **투자는 내 삶에 피폐한 영향을 미치지 않아야 한다. 수익이 높아야 한다. 묵히더라도 시간 대비 가치가 올라가야 한다. 이 세 가지 원칙을 지키면 불안한 마음에 섣부른 판단을 하지 않는다. 그 조건에 부합하는 것이 토지 경매였다.**

주택보다 토지는 훨씬 더 매력적이다. 주택은 일정 규모 이상이기 때문에 투자 준비금 또한 일정 금액 이상이어야 한다. 토지는 50만 원, 100만 원밖에 없는 사람에게도 기회가 오지만 주택은 50만 원 100만 원 가진 사람에게 기회 자체를 주지 않는다. 반면 토지는 의외의 저렴한 경매 물건이 나온다.

도로에 인접한 아주 작은 자투리땅을 보면서 어떤 사람에게 필요할지 분석해 보면 갖가지 경우를 다 만난다. 등기가 말해주는 사실과 현장에서 마주치는 사실 사이에 놓인 행간의 의미를 분석하면서 삶에 대한 일종의 가이드라인을 만나기도 한다.

내가 처음 낙찰받은 토지는 1천500만 원 가치인데 최저입찰가 700만 원에 나왔고, 입찰가 720만 원을 써내서 성공했다. 한 번의 낙찰 성공을 통해 자신감을 얻었고, 계속해서 소액 물건들에 도전해서 좋은 결과를 얻는 계기가 되었다. 적은 금액으로도 충분히 수익을 낼 수 있는 분야가 토지 경매임을 체험을 통해 깨우칠 수 있었다. 임장 다니면서 땅을 보는 재미도 있다.

토지의 장점

첫째, 땅은 소모재가 아니라서 갑자기 하락하는 일이 거의 없다. 일시적으로 떨어질 수는 있어도 금세 회복한다. 특히 대도시 주변의 땅은 오히려 해마다 상승하고, 가치가 안정적이어서 손해 보는 일이 적다. 땅을 한 평이라도 갖고 있으면 해마다 지자체에서 우편을 보내서 올해 공시지가는 얼마라고 알려준다. 이를 보면 내려가는 경우가 거의 없다. "○○지역 물류센터 매매가 20% 이상 급락"이라는 뉴스가 보도되면 땅값이 폭락한 것으로 잘못 이해하는 사람도 있는데 결코 아니다. 일시적인 소비 감소로 물류로 사용하는 컨테이너 창고나 물류센터 시스템 매매가가 떨어진 것이지 해당 토지 가격이 떨어진 것은 아니다.

둘째, 땅은 어디든 쓸모가 있어서 개발 잠재력이 크다. 대도시 토지 가격만 상승하는 것은 아니다. 지방 작은 도시의 좁은 골목길은 넓은 도로가 되고, 보이는 것은 나무뿐인 산이 깎여 비행장이 되고 학교가 된다. 잡풀만 우거진 빈 땅들이 산업단지로 개발되기도 한다. 우리나라는 인구밀도가 높은 데다 국토의 70%가 산이다. 여전히 사람이 사용할 수 있는 땅은 부족하고, 따라서 개발할 여지는 아직도 곳곳에 남아 있다.

셋째, 땅은 사라지지 않고, 날씨의 영향도 사람의 영향도 받지 않는다. 주택이나 공장은 낙후되면 가치가 떨어지지만 땅은 사용하는 사람이 많을수록 가치가 올라간다. 천재지변이 일어나 집이 없어지고 농작물이 다 타들어가도 땅은 그 자리에 남아 있다. 그 때문에 가치가 영원하다고도 할 수 있다.

넷째, 규제를 덜 받는다. 주거용 부동산은 국민의 삶에 직결되기 때문에 조금만 오르내려도 규제가 생긴다. 그런데 토지는 오랜 기간에 걸쳐 보호할 대상과 규제 대상이 정해지고 개발 압력을 받으면서 점차 해제해 가는 분위기다.

다섯째, 투자 경쟁자가 적다. 시장 가격을 주도하는 아파트를 보면 조그마한 호재나 악재로 인해 하루아침에도 수억 원씩 오르내린다. 주택 가격에 대한 심리적 압박감은 상당하지만 토지는 그렇지 않다. 그리고 토지 거래를 막연히 두려워해 신규 진입 거래자들도 적은 편이다. 지금 옆에 있는 사람에게 어떤 투자를 하고 있는지 물어보면 3가지로 답할 것이다. 하나, 투자는 무슨. 둘, 주식. 셋, 아파트. 토지에 투자하고 있다는 사람은 드물다.

여섯째, 소액으로 작은 땅을 살 수 있다. 토지라고 하면 엄청 큰 금액에 큰 땅이 오갈 것 같지만 매우 적은 금액도 가능하다. 500만 원, 1천만 원으로 살 수 있는 작은 땅도 있고, 공동 소유했던 지분이 경매에 나오곤 한다. 반면 500만 원, 1천만 원으로 살 수 있는 아파트는 아직 본 적이 없다. 또한 땅은 나중에 되팔 때에는 몇 배 이상의 가치로 되팔 수도 있다.

일곱째, 생각만큼 어렵지 않다. 잘못 투자하면 돈이 묶인다는 생각 때문에 가족이든 지인이든 일단 말리고 본다. 안팎으로 밀려

드는 심리적 저항감이 있다. 잘 모르면 당한다는 압박감은 공부와 경험이 쌓이면 저절로 해소된다. 토지는 매우 다양한 모양과 크기로 매매가 성사되고, 용도에 따라 상품 가치를 높이는 방법도 다양하다.

20대에 토지 지분 경매를 시작해야 하는 이유

싸게 사서 비싸게 팔면 뭔들 돈이 안 되겠냐만 문제는 돈이 없다는 것이다. 이럴 때 도전해 볼 만한 분야가 토지 지분 경매다. 토지 지분 경매는 소유자가 여러 명이 있는 땅 가운데 일부가 경매에 나온 것을 일컫는다. 동업자 공동 명의의 부동산, 형제가 상속받은 토지, 부부 공동 명의의 집, 종중재산, 친구들끼리 사들인 동호인 주택단지 땅 등 다양한 공동 소유 부동산이 존재한다. 이런 공동 소유 토지 가운데 어느 한쪽의 채무로 인해 전체가 아닌 1/n만큼 경매에 나온다. 전체가 아닌 일부기 때문에 잘 찾으면 소액으로 경매에 참여할 수 있는 기회가 있다.

토지 지분 경매를 추천하는 것은 토지의 장점과 경매의 장점을 합친 효과가 있기 때문이다. 요즘처럼 금리가 오르면 토지 투자는 상대적으로 위축되기 마련이다. 거래량은 줄어들지만 급매나 경매 시장은 활성화 되어 좋은 물건들이 나온다. 토지는 제값을 쳐주고 사도 이득인데 급매나 경매로 사면 더 큰 이득이다.

20대 스몰머니 투자자들이 토지 지분 경매에 관심을 가질 만한 장점은 충분하다.

첫째, 현금 동원력에 맞는 경매 물건을 만날 수 있다. 내가 최저가로 투자한 공매 물건은 55만 원이었다. 온라인으로 몇 번만 검색하면 내가 가진 돈에 맞는 경매 물건이 리스트 업 된다.

둘째, 경쟁률이 주거용보다 적다. 아파트나 단독주택, 빌라 같은 주거용 주택의 경매는 대중화된 분야라서 투자 열기가 쉽게 과열된다. 법원 경매에 가보면 주거용은 경쟁률이 20 : 1, 50 : 1은 가뿐하게 넘고, 심지어 100 : 1인 경우도 있다. 이 경쟁에서 이기고 낙찰받는 것은 매우 어렵다. 과열된 경쟁에서 이기려면 높은 가격을 써낼 수밖에 없기 때문에 낙찰받아도 차익이 크지 않다. 이에 비해 토지 지분 경매는 경쟁률이 낮고 낙찰폭도 크다

셋째, 투자에 영향을 미치는 요소가 적다. 내가 1천만 원에 낙찰을 받으면 1천200만 원에만 되팔아도 차익은 20%나 된다. 지분이기 때문에 공유자에게 되팔 수도 있고, 공유자 지분까지 사들여서 전체를 팔아도 된다. 아파트는 낙찰받아 되팔 때까지 시간이 꽤 걸리고, 그 시간 동안 시세가 떨어지는 경우도 많다. 경매로 싸게 샀다고 좋아했지만, 세금과 여러 비용을 제외하면 손해를 입을 수도 있다. 토지 지분 경매는 내보내야 할 세입자도 없고, 1가구 2주택 세금 걱정도 없다.

넷째, 빠르게 현금화할 수 있다. 토지 지분이 경매에 부쳐지면 일단 공유자들이 동요한다. 이 시점과 심리를 잘 활용하면 1개월, 3개월, 6개월 정도 안에 차익을 실현할 수 있다. 공유자가 너무 많거나 협의가 잘 안 되어 오래 가는 물건도 있지만 그런 물건은 피해 가면 된다. 자기 역량에 맞는 물건을 찾으면 현금화는 시간문제다.

다섯째, 디지털 라이프에 적응된 사람 우위로 경매 시장이 돌아가고 있다. 웬만한 경매 사이트에서는 유료 결제만 하면 권리분석에서 배당까지 원스톱으로 해결된다. 시세를 볼 때는 밸류맵, 노후도를 볼 때는 부동산플래닛, 유동인구 분석할 때는 엑스레이맵, 세금이나 대출 등 부동산 관련 자금 관리는 부동산계산기 등등 경매 과정마다 온라인으로 정보를 다 찾을 수 있다. 어떻게 활용할지 로드맵을 세우면 금세 수익권에 들어갈 수 있다.

나는 다섯째 이유가 가장 큰 장점이라고 생각한다. 수강생들은 내가 물건을 해결하는 노하우를 알려주면 변호사나 법무사 뺨친다고 놀라움을 금치 못한다. 나는 조금 더 일찍 시작해서 로직을 터득하고, 각종 사이트를 적절하게 잘 사용해서 시간대비 효율을 높였을 뿐이다. 법과 세금, 권리 등등은 각 분야의 사±자 분들이 제일 잘 아는 전문가다. 내가 어떻게 그분들을 따라갈 수 있겠는가. 하지만 전문가들이 제공하는 정보는 손품 수고를 거치면 오롯이 내 것이 된다. 나는 토지 지분 경매로 어떻게 수익을 창출할지에 대해서는 수많은 경험을 통해 그 누구보다 잘 안다.

마찬가지 이유로 지금 시작해도 스마트한 분들은 금세 노하우를 터득할 수 있다. 그 전에 사설 경매 정보지를 보면서 연구하던 나이든 분들은 사의 반 타의 반 경매 시장에서 벼나났다. 물론 자금력은 그분들이 훨씬 더 있겠지만, 전국토의 주인이 손바뀜이 일어나는 지금 시점에서는 디지털 장악력이 큰 사람이 더 쉽게 기회를 잡을 것이라고 생각한다. 곧 있으면 AI가 더 잘할지도 모르지만.

손품부터 시작하기

인터넷에서 검색하면 여러 경매 사이트들이 뜬다. 우선 국가에서 운영하는 '법원경매' 사이트에 들어가서 검색해 본다. 비고란에 지분매각이라고 표시되어 있다. 두 사람 이상이 공동 소유하고 있고 그 가운에 일부가 경매로 나왔다는 표시다.

검색창에 물건 조건을 기입하면 목록이 뜬다. 하나 골라서 눌러보면 물건기본정보에 사건번호를 비롯해 매각물건명세서, 현황조사서, 감정평가서 등이 뜬다. 3대 서류를 살펴보고 마음에 드는 물건이 있으면 관심물건으로 등록해 둔 뒤 입찰에 참여하면 된다.

하지만 법원경매 사이트에서는 등기사항 전부증명서를 출력하려고 해도 인터넷등기소 사이트에 들어가서 출력해야 하는 등 번거로움이 있다. 법적 절차에 따른 기본 정보를 제공하기

국가에서 운영하는 법원경매 공식 사이트

때문에 서비스가 편한 곳은 아니다.

경매에 관심을 갖고 공부해 나가고, 진짜 실행하려는 분들은 유료 사이트를 이용한다. 유료 회원으로 가입하면 필요한 서류를 일목요연하게 정리해서 한 사이트에서 한 번에 다 볼 수 있기 때문이다. 나는 '스피드옥션'을 주로 사용하고 있는데 그 이유는 여러 사이트를 들락거리면서 여러 서류를 일일이 따로 확인해야 하는 번거로움이 없기 때문이다. 유료 경매 정보 사이트의 가장 유용한 기능은 '등기사항 전부증명서'를 볼 수 있다는 점이다.

민간이 운영하는 유료 경매사이트 [스피드옥션]

유료 경매 정보 사이트에서 물건을 검색할 수는 있지만 경매나 공매에 참여할 수는 없다. 그리고 매물의 진정성도 경우에 따라서는 다르게 보인다. 경매는 실제 법원에서, 공매는 전자입찰 사이트 '온비드'에서 참여할 수 있다.

경매와 공매는 과정과 방법에 다른 점이 있다. 경매는 관심 물건에 접근하기 시작하면 실제 법원에 가서 입찰에 참여해야 한다. 입찰 보증금을 내는 것도 봉투에 넣어서 직접 내야 하고, 낙찰받은 뒤 잔금을 납부할 때도 법원에 가야 한다. 여러 과정

캠코가 운영하는 공매사이트 [온비드]

이 법정에서 이뤄지기 때문에 시간과 체력, 담력을 요한다.

하지만 공매는 관심물건 검색부터 입찰 참여, 낙찰까지 모두 온라인으로 진행된다. 한국자산관리공사(캠코)에서 자산의 처분을 투명하게 공개적으로 운영하기 위해 택한 시스템이다.

따라서 온비드는 정해진 입찰 시간에 온라인으로 응찰하면 되기 때문에 언제 어디서나 공매 물건에 참여할 수 있는 장점이 있다. 스마트폰만 있으면 자기 자리에서 다 할 수 있다. 그리고 공매는 국유재산을 공개로 매각하는 절차이기 때문에 입찰자에게 권리분석을 해야 하는 번거로움을 한 단계 걸러준다.

위와 같은 차이가 있기 때문에 첫 투자는 경매보다는 공매로

참여해 보기를 권한다.

온비드에서 공매에 참여하는 방법은 다음과 같다.

공매 온비드 절차

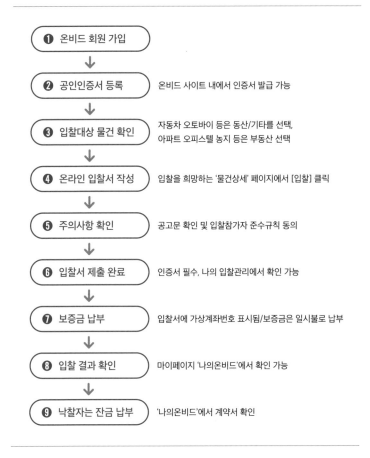

❶ 온비드 회원 가입	
❷ 공인인증서 등록	온비드 사이트 내에서 인증서 발급 가능
❸ 입찰대상 물건 확인	자동차 오토바이 등은 동산/기타를 선택, 아파트 오피스텔 농지 등은 부동산 선택
❹ 온라인 입찰서 작성	입찰을 희망하는 '물건상세' 페이지에서 [입찰] 클릭
❺ 주의사항 확인	공고문 확인 및 입찰참가자 준수규칙 동의
❻ 입찰서 제출 완료	인증서 필수, 나의 입찰관리에서 확인 가능
❼ 보증금 납부	입찰서에 가상계좌번호 표시됨/보증금은 일시불로 납부
❽ 입찰 결과 확인	마이페이지 '나의온비드'에서 확인 가능
❾ 낙찰자는 잔금 납부	'나의온비드'에서 계약서 확인

경매와 공매의 차이

- 경매는 사적인 거래에 법원이 중개를 서는 것.
- 공매는 국가나 지방정부가 보유한 자산이나 세금 체납 등으로 발생한 압류 자산을 공개적으로 매각하는 과정.
- 공매는 낙찰 이후 잔금 납부 추기 기간 있음(10일).
- 경매는 낙찰 이후 잔금 납부를 제 날짜에 못 하면 보증금 몰수(다음 매각 결정일 3일 전까지 지연 납부 가능).
- 한 물건에 경매와 공매가 동시 진행되는 경우는 낙찰받고 잔금 먼저 내는 사람이 임자.
- 경매는 기일 입찰표에 대리인 인적 사항 입력 칸이 별도로 있고 위임장과 인감증명서를 제출해야 하지만, 공매는 온비드에 인증서 로그인으로 대리 입찰 가능.

[2]
경매 기본 순서와 개념을 이해하자

세 줄 요약

☑ 채권자의 신청으로 법원 경매 사이트에 물건이 공시된다.

☑ 가격과 조건이 맞는 관심 물건에 입찰한다.

☑ 낙찰받는다면 매각허가개시일까지 2주 동안 법적인 절차에 신중하게 대응해야 한다.

경매 물건은 각 포털 사이트에 들어가면 어떤 물건들이 올라오는지 검색해서 구경할 수 있다. 법원경매 사이트나 온비드에도 경매 물건이 올라온다. 경매는 물건 소유자가 물건을 담보로 제공한 채무가 발생했고, 채권자가 채무를 회수하기 어렵다고 판단될 때 법원에 처분을 맡기는 방식이다. 쉽게 말해 빌린 돈을 제때 갚지 않아서 빌려준 측이 돈을 받고자 법원에 담보 물건을 팔아서 자기 돈을 달라고 요청하는 행위이다. 강제로 팔아서라도 돈을 받으려는 행위이기 때문에 이해관계가 첨예하게 얽힌다. 따라서 부동산 경매에서는 절차와 이해관계 분석이 머릿속에 정리되면 거의 80% 숙지했다고 할 수 있다.

다음은 경매와 관련한 정보를 얻기에 유용한 사이트들이다.

경매 물건 검색	• 대한민국법원 법원경매정보 • 옥션원(굿옥션) • 스피드 옥션
권리분석 및 물건 분석	• 대법원 인터넷 등기소 • 토지이용규제정보서비스(토지이음)
시세 분석	• 국토교통부 실거래가 공개 시스템 • 밸류맵 • KB부동산 리브온 • 네이버 부동산(경매 검색은 옥션원으로 이관) • 소상공인 상권정보 시스템
가종 시류	• 인터넷 등기소 • 대한민국 법원 온라인

경매 절차도

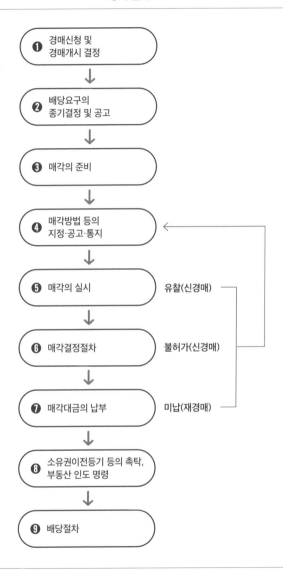

순서 1. 채권자가 경매를 신청한다

만약 누군가에게 내가 돈을 빌려주고 못 받았다면 법원에 돈을 받기 위해 강제로 경매를 신청할 수 있다. 금융기관뿐만 아니라 개인도 강제 경매를 신청할 수 있다. 입찰에 참여하는 사람 입장에서는 경매 신청 절차를 자세히 알 필요는 없다.

순서 2. 법원이 공고를 낸다

법원이 경매 요청을 받아서 경매를 해도 좋다는 결정이 내려지면 해당 부동산은 압류된다. 압류 결정이 나도 등기가 완전히 넘어가기 전까지는 사용할 수 있기 때문에 나중에 낙찰받으면 살고 있는 세입자를 내보내는 등의 조처를 따로 해야 한다.

이 단계에서 알아야 할 것은 매각 기일이 공고된다는 사실이다. 매각 방법과 기일이 공고되면 경매 법원 게시판이나 각종 경매 대행 업체 등에 정보가 올라온다. 하지만 입찰이 취소되거나 변경되는 경우가 있기 때문에 실제 입찰에 참여할 때에는 입찰 전날과 당일 아침 확인 해보고 법원으로 출발하는 것이 좋다. 입찰

과정은 참관할 수 있다. 책이나 강의로 경매를 공부한 다음에는 실제 입찰에 참관해서 그 과정을 보고 난 다음 첫 입찰에 도전하는 것이 좋다. 돈이 오가는 현장인데 난생 처음 들어가서 입찰에 참여하려면 법원이라는 분위기 특성상 긴장감에 실수할 수도 있다.

법원은 해당 부동산의 가치를 감정인(감정회사)에 평가를 맡겨 최저매각가격을 정한다. 이게 관한 물건명세서나 평가서를 법원에 비치해서 매각 입찰에 응하려는 사람들이 볼 수 있게 해준다. 이 단계에서 법원은 해당 부동산을 기일입찰의 방법으로 매각할 것인지, 기간입찰의 방법으로 매각할 것인지, 매각기일은 언제로 할지 등을 정한다.

기일입찰과 기간입찰

- **기일입찰** : 매각기일에 출석해서 희망가를 기입한 입찰표를 집행관에게 제출, 당일 개찰.
- **기간입찰** : 정해진 입찰기간 내에 입찰표에 매수가격을 기재해서 집행관에게 직접 또는 등기우편으로 제출. 미리 정한 매각기일에 개찰.

순서 3. 입찰에 참여한다

입찰에 참여하려면 입찰표를 작성해야 한다. 사건번호, 입찰 신청자의 이름과 주소, 물건번호, 입찰가 등을 기입해서 신청하는 서류다. 대법원 경매 사이트(https://www.courtauction.go.kr/)에 들어가면 서식을 다운받을 수 있으니 미리 다운받아 연습해 보는 것도 좋다.

입찰가는 법원에서 공고한 최저 입찰가 그 이상을 기입해야 한다. 대리인이 입찰에 대신 참석할 경우 대리인의 성명과 주소, 입찰보증금액도 기재한다. 그런 다음 입찰보증금을 입찰보증금봉투에 넣고 1차로 봉한다. 기재한 입찰표와 입찰보증금봉투를 큰 입찰 봉투에 넣어 스테이플러로 찍어 봉하고 봉투의 지정된 위치에 날인해서 입찰함에 넣는다.

날인한 봉투를 입찰함에 넣으면 집행관에게 제출한 것으로 간주된다. 한 번 제출한 입찰표는 취소, 변경, 교환할 수 없다. 입찰보증금은 공고한 최저매각가격(최저 입찰가)의 10%를 준비해야 한다. 최저매각가격이 1억 원이면 1천만 원을 갖고 있어야 응할 수 있다는 뜻이다. 그런데 법원에서 갑자기 보증금액을 바꿀 수도 있으므로 입찰에 참여할 때에는 법원에서 공고하는 모든 정보를 숙지하고 대비해야 한다.

재입찰에 참여할 경우 최저 입찰가의 20~30% 가량 입찰보증금을 높여 준비해 둬야 한다. 자칫 입찰표에 신경 쓰다가 보증금을 안 넣고 봉투를 봉해서 낙찰을 받았지만 취소되는 경우도 있었다. 입찰보증금을 수표로 가져갈 경우 차액을 거슬러 넣기도 어렵다. 내가 써낸 입찰가보다 수표가 크면 낙찰받을 수 있지만 수표가 적으면 입찰보증금이 적은 것으로 간주해 낙찰받아도 취소된다. 입찰 보증금은 수표로 넉넉하게 준비하는 게 답이다. 입찰가는 치열하게 고민해서 가장 유리하게 쓰되, 수표나 현금은 조금 넉넉하게 준비한다.

입찰을 마감하면 바로 입찰함을 열어 입찰표를 개봉한다. 입찰에 참여한 사람은 개봉 시 참관할 수 있다. 옆에서 참관하는 사람도 구경은 가능하다. 공정하게 진행됨을 보여주기 위해 CCTV로 화면을 중계해 주는 법원도 있다. 최고가를 써낸 사람에게 낙찰되는데 똑같은 금액을 써낸 사람이 있어서 2인이 최종 매수자가 된다면 2인만 추가 입찰한다. 그런데 또 금액이 똑같으면 추첨을 통해 최종 매수자를 결정한다. 매수자가 결정되면 집행관이 이름과 금액을 불러주고 종결을 고한다.

기일입찰표 양식

기 일 입 찰 표

서울남부지방법원 집행관 귀하 입찰기일 : 2023 년 11 월 29 일

사건번호	2022 타경 4158 호	물건번호	1 ※ 물건번호가 여러개 있는 경우에는 꼭 기재

입찰자	본인	성명	(인)	전화번호	
		주민(사업자)등록번호	-	법인등록번호	-
		주소			
	대리인	성명	(인)	본인과의 관계	
		주민등록번호		전화번호	
		주소			

입찰가액	천억	백억	십억	천만	백만	십만	만	천	백	십	일	원	보증금액	천억	백억	십억	천만	백만	십만	만	천	백	십	일	원

보증의 제공방법	☐ 현금·자기앞수표 ☐ 보증서	보증을 반환 받았습니다. 입찰자본인 또는 대리인 (인)

주의사항

1. 입찰표는 물건마다 별도의 용지를 사용하십시오. 다만, 일괄입찰시에는 1매의 용지를 사용하십시오.
2. 한 사건에서 입찰물건이 여러개 있고 그 물건들이 개별적으로 입찰에 부쳐진 경우에는 사건번호외에 물건번호를 기재하십시오.
3. 입찰자가 법인인 경우에는 본인의 성명란에 법인의 명칭과 대표자의 지위 및 성명을, 주민등록란에는 입찰자가 개인인 경우에는 주민등록번호를, 법인인 경우에는 사업자등록번호를 기재하고, 대표자의 자격을 증명하는 서면(법인의 등기부 등·초본)을 제출하여야 합니다.
4. 주소는 주민등록상의 주소를, 법인은 등기부상의 본점소재지를 기재하시고, 신분확인상 필요하오니 주민등록증을 꼭 지참하십시오.
5. <u>입찰가격은 수정할 수 없으므로, 수정을 요하는 때에는 새 용지를 사용하십시오.</u>
6. 대리인이 입찰하는 때에는 입찰자란에 본인과 대리인의 인적사항 및 본인과의 관계 등을 모두 기재하는 외에 <u>본인의 위임장(입찰표 뒷면을 사용)</u> 과 인감증명을 제출하십시오.
7. 위임장, 인감증명 및 자격증명서는 이 입찰표에 첨부하십시오.
8. 일단 제출된 입찰표는 취소, 변경이나 교환이 불가능합니다.
9. 공동으로 입찰하는 경우에는 공동입찰신고서를 입찰표와 함께 제출하되, 입찰표의 본인란에는 "별첨 공동입찰자목록 기재와 같음"이라고 기재한 다음, 입찰표와 공동입찰신고서 사이에는 공동입찰자 전원이 간인 하십시오.
10. 입찰자 본인 또는 대리인 누구나 보증을 반환 받을 수 있습니다.
11. 보증의 제공방법(현금·자기앞수표 또는 보증서)중 하나를 선택하여 표 ☑ 를 기재하십시오.

위 임 장

대 리 인	성 명		직업	
	주민등록번호	–	전화번호	
	주 소			

위 사람을 대리인으로 정하고 다음 사항을 위임함.

다   음

지방법원   타경   호 부동산

경매사건에 관한 입찰행위 일체

본 인 1	성 명	(인감인)	직 업	
	주민등록번호	–	전 화 번 호	
	주 소			
본 인 2	성 명	(인감인)	직 업	
	주민등록번호	–	전 화 번 호	
	주 소			
본 인 3	성 명	(인감인)	직 업	
	주민등록번호	–	전 화 번 호	
	주 소			

* 본인의 인감 증명서 첨부
* 본인이 법인인 경우에는 주민등록번호란에 사업자등록번호를 기재

지방법원 귀중

순서 4. 낙찰과 패찰이 정해진다

최고 매수가격을 써낸 사람에게 낙찰되고, 낙찰자가 잔금을 납부하지 않으면 차순위 매수신고자에게 기회가 주어신다. 최고가와 차순위 두 명에게만 기회가 주어지고, 차순위자도 낙찰을 포기하면 해당 입찰은 취소가 된다. 하지만 차순위 매수신고자가 낙찰을 포기하는 경우는 거의 없다. 입찰자가 없어서 유찰될 경우 다음 매각기일을 정해 재입찰이 진행된다. 재입찰과 재경매는 다른 의미이다. 재입찰은 금번 입찰이 무산되어 다음 입찰을 정하는 것이고, 재경매는 경매의 사건번호가 사라지고 새로 사건번호를 부여받아 경매가 신건으로 진행됨을 의미한다.

차순위 매수 신고자의 조건은 자신이 써낸 입찰가가 최고매수가격에서 입찰보증금을 제외한 금액보다 커야 한다. 예를 들어 입찰보증금은 1천만 원이고, 1억2천만 원을 써낸 사람이 최고가라면, 차순위 매수 신고를 할 수 있는 사람은 1억2천만 원에서 보증금 1천만 원을 뺀 1억1천만 원부터 1억2천만 원 사이 구간에 입찰가를 써낸 사람들이다.

- 최저입찰가 1억 원

- 입찰 보증금 1천만 원

- 최고가매수입찰가 1억2천만 원

경우 1.

2순위: 1억1천900만 원 (○)

3순위: 1억1천100만 원 (○)

4순위: 1억500만 원 (X)

경우 2.

2순위: 1억900만 원 (X)

3순위: 1억600만 원 (X)

4순위: 1억500만 원 (X)

2순위 금액을 써냈다고 해서 다 차순위로 낙찰받을 수 있는 것은 아니다. 그리고 차순위 낙찰은 거의 이뤄지지 않는다. 최고가매수입찰가를 써낸 사람이 잔금을 납부하지 않는 기간까지 5주 정도 시간이 걸리는데 차순위매수신고를 한 사람의 입찰보증금은 이 5주 동안 돌려받지 못한다. 그 돈으로 그 시간 동안 다른 경매 물건에 참여하는 게 더 낫다고 생각하기 때문이다.

순서 5. 법원이 매각허가 결정을 내린다

매수자가 선정되면 매각허가가 결정된다. 1주일 정도 시간을 주는데 이 기간 동안 이해 당사자들은 이의 제기를 할 수 있다. 매각허가 결정 1주일 내에 원심 법원에 항고장을 제출하면 된다.

순서 6. 잔금을 납부하고 권리를 취득한다

매각허가결정 1주일 이내에 이의를 제기하는 사람이 없으면 매수인에게 잔금 납부 기간과 금액이 통보된다. 입찰 보증금을 제외한 나머지 금액을 기일 안에 은행에 납부하면 된다. 매각대금 납부 완료와 동시에 입찰에 참여한 물건에 대한 권리가 확정된다. 그러면 차순위 매수신고인은 입찰 당시 냈던 보증금을 돌려받을 수 있다. 1, 2순위를 제외한 나머지 패찰자들은 당일 패찰자 줄에 서 있으면 입찰 보증금을 바로 돌려준다.

그런데 그 사이 채무를 변제해서 경매할 이유가 없어지면 경매 당사자가 경매 정지나 취하를 신청할 수 있다. 매수자가 정해진 상황이면 매수자의 동의를 얻어야 하므로 대부분 채무 변제가 이뤄지면 등기상의 채무를 말소시키고 매각취소를 신청하게 된다. 즉, 낙찰되더라도 기분 좋은 사이 낙찰 물건이 날아가는 수가 생긴다. 하지만 잔금 납부를 마치면 온전한 내 소유가 된다. 그러므로 잔금 납부 통지가 오면 빨리 납부하는 게 애써 획득한 낙찰을 빼앗기지 않는 방법이다. 잔금 납부는 매각결정과 이의신청 기간을 포함해, 통상 입찰에 참여해서 15일 정도 지나면 시작된다. 그 전에는 내고 싶어도 내지 못한다.

만약 잔금을 납부할 돈이 없다면 대출받아서 마련해야 할 것이다. 입찰을 마치고 나오면 경락잔금대출 모집인들이 명함을 나눠주고 있다. 혹은 입찰법정 앞에 대출명함이나 법무사 명함이 가지런히 놓인 곳도 있다. 받아와서 정리해 두면 대출 받을 때 참고가 된다.

주거용 아파트나 빌라는 대략 낙찰가의 40~60%, 상가나 오피스텔 등 비주거용은 60~80%, 공장(지식산업센터), 생활형숙박시설, 분양형 호텔 등은 70~85%까지 대출해 준다. 하지만 개인 상황에 따라 대출이 안 이뤄질 수도 있으므로 대출만 믿고 경매에 나서서는 안 된다는 사실도 알고 있어야 한다. 만약 기간 내에 잔금을 납부하지 못할 경우 입찰 보증금은 몰수되고,

권리도 사라진다. 이것은 정석이고, 방법은 있다. 재경매 기일 3일 전까지 잔금과 지연 이자 12%, 절차 비용을 납부하면 재경매가 취소된다.

- **LTV(Loan-to-Value) 담보인정비율**
  아파트 감정가격이 5억 원이고 담보인정비율이 70%이면 금융기관으로부터 3억5천만 원의 주택담보대출 가능. 규제지역과 비규제지역에 따라 비율은 다름.

- **DTI는(Debt-to-Income) 월 소득 대비 월 상환 부담 비율**
  보유한 모든 주택 관련 대출 비율을 월 소득 대비 100%까지만 인정. 즉 주택 관련 대출 원리금 납부 금액이 월 소득을 넘어가면 그 이상은 대출 불가.

- **DSR(Debt-Service Ratio)채무 상환비용 대비 총소득 비율**
  마이너스통장, 신용대출, 전세자금대출, 자동차할부금융 등 보유한 모든 대출의 연간 원리금상환액을 연간소득으로 나누어 산출.

  개인 채무 비율인 DSR이 높으면 LTV에 영향을 받고, 1가구2주택이면 DTI에 영향을 받을 수 있음.

매수 잔금을 완납하고 권리를 인정받으면 소유권을 이전 등기해야 한다. 법무사에게 대행을 맡기는 것이 수월하다. 취득세 등 각종 세금을 납부하고, 국민주택채권을 매입하는 등 서류 절차가 끝나면 앞서 발생한 권리가 말소된다. 말소까지 완료되면 등기권리증을 5일 이내에 받을 수 있다.

지금까지 설명한 것은 경매의 기본적 절차일 뿐이다. 경매가 진행되면 곳곳에서 예기치 못한 변수가 발생한다. 예를 들어 대항력 있는 세입자가 있으면 세입자가 돌려받지 못한 전세금을 낙찰받은 사람이 돌려줘야 한다. 세입자는 없는데 아파트 관리비나 공과금이 미납되어 있으면 이것도 낙찰자 몫이다. 다 내면 경매로 사나 시세대로 사나 마찬가지인 경우가 생긴다. 그래서 경매는 절차도 절차지만 권리분석과 임장이 성과를 좌우한다.

아파트 경매에서 제일 쉬운 케이스는 현 거주자가 집주인일 때다. 본인 명의의 부동산에 본인이 채무를 불이행해서 생긴 경매이므로 낙찰되면 순순히 집을 비워준다. 처음 경매에 입문해서 가장 많이 도전하는 물건은 살고 있는 사람과 경매 당사자가 동일한 아파트다.

아파트 가격이 미친 수준이다 보니 경매를 통해 내 집 장만을 하거나 시세 차익을 보려는 사람들이 증가하는 추세지만 경매로 아파트를 낙찰받는 것은 쉽지 않다. 쉬운 물건은 가격도 높고, 낙찰가도 높다. 시장가와 낙찰가가 크게 차이 나지 않아서 차익 실현이 기대치에 못 미칠 수 있다. 경매를 선분으로 대행해주는 부동산 중개사나 컨설팅 업체도 활발하게 활동하고 있다. 거기에 아파트는 전 국민의 관심과 심리를 반영한다. 조금만 위축되어도 가격이 뚝뚝 떨어지고, 작은 호재에도 급등한다. 어쩌면 주식보다 더 등락이 심한 것이 현재 우리나라 아파트 시장이 아닐까.

재테크 제1원칙, 뉴스를 타면 재료는 끝물이다. 그러니 뉴스에서 연일 보도되고 있다면 거기에서 벗어나 좀 더 다양한 분야로 관심을 분산시킬 필요가 있다.

[3]
입찰 전에 할 일

세 줄 요약

- ☑ 입찰할 물건의 감정평가서·현황조사서·매각물건명세서를 볼 줄 알아야 한다.
- ☑ 해당 물건의 현장 실사를 반드시 한다.
- ☑ 매각물건명세서를 보고 권리분석을 마친 후 입찰 여부를 결정한다.

경매를 두려워하는 것은 법원에서 이뤄지기 때문에 막연한 선입견이 있어서다. 송사 시비에 휘말리는 기분 때문에 멀리하려는 심리가 작동한다. 그리고 잘 모르기 때문에 무척 복잡해 보인다. 하지만 경매는 중요한 몇 가지 절차와 사실을 숙지하면 그 어느 매매보다 안전하다. 법원에서 진행되므로 사기 매물이나 허위 매물 같은 것이 없어서 속을 염려는 없다. 사전에 서류를 잘 갖추고 꼼꼼하게 파악해 두면 다 방어하고 보호받을 수 있다. 어느 한쪽 일방에 손해를 입히는 방식으로 진행되지 않는다.

하지만 읽어도 무슨 소리인지 의미 파악이 안 되면 예상치 못한 일들이 벌어진다. 흔한 예로 낙찰받아서 바로 팔지 못하고, 살고 있는 세입자가 원하면 계속 살게 해줘야 하는 경우가 있다. 토지를 낙찰받았는데 귀한 나무가 심어져 있어서 나무 주인이 큰돈을 요구한 사례도 있다.

처음 경매에 입찰할 때에는 이런 위험 요소들을 미리 파악하고 피해서 낙찰받는 성공 경험이 필요하다. 한 번 성공하면 경매 프로세스를 체득하게 돼 두려움과 걱정이 많이 상쇄된다. 성공이 누적되면 다소 위험한 물건이라도 권리분석을 잘해서 입찰에 참여하는 자신감을 얻는다. 위험한 물건을 피하지 않고 공부하면서 수익을 높여나가면 반드시 원하는 지점까지 도달할 수 있다.

중요 1. 입찰하고 싶은 부동산의 현황 파악

경매에 성공한 사람들에게 제일 먼저 물건을 어떻게 고르냐고 물어보면 다들 경매 사이트에서 마음에 드는 물건을 고른 다음 임장(현장조사)을 나간다고 한다. 그러면 경매 사이트에서 마음에 드는 물건이라는 건 어떤 조건을 말하는 것일까.

발품을 팔기 전에 온라인에서 확인 가능한 3가지 서류만으로 해당 물건의 상태를 파악할 수 있다. 대개 이를 토대로 입찰할 물건을 먼저 선정한다.

첫째, 감정평가서다.

최저 입찰가를 정한 근거를 제시한 서류라고 보면 된다. 법원은 경매가 결정된 부동산을 공인된 감정평가기관에 의뢰해서 경매 최저 입찰금액을 정하고 이를 공개한다. 감정평가 명세표와 위치 및 지적도, 내부 구조도, 현장 사진까지 포함되어 있다. 아래 이미지에서 보다시피 소재지의 지번과 지목용도, 면적 등이 자세하게 기록되어 있다.

여기에서 기억할 것은 '제시 외 건물'의 존재 유무다. 아파트

물건 정보 예시

소재지					
		매각기일 : 2024-04-11 10:30~ (목)		경매2계 031-481-1194	
용도	아파트	채권자	중소기업은행	감정가	680,000,000원
대지권	29.6252㎡ (8.96평)	채무자		최저가	(70%) 476,000,000원
전용면적	84.8345㎡ (25.66평)	소유자		보증금	(10%)47,600,000원
사건접수	2023-08-28	매각대상	토지/건물일괄매각	청구금액	365,447,761원
입찰방법	기일입찰	배당종기일	2023-11-14	개시결정	2023-08-29

기일현황

회차	매각기일	최저매각금액	결과
신건	2024-02-29	680,000,000원	유찰
2차	2024-04-11	476,000,000원	매각
한 신/입찰11명/낙찰607,771,771원(89%)			
2등 입찰가 : 579,999,000원			
	2024-04-18	매각결정기일	허가

감정평가서 예시

구분건물감정평가명세표

페이지: 1

일련 번호	소재지	지번	지목 및 용도	용도지역 및 구조	면 적 (㎡)		감정평가액	비 고
					공 부	사 정		
	1동의	건물의	표시					
	경기도 안산시 상록구 사동	그랑시티 자이	아파트	철근콘크리트구조 철근콘크리트지붕 45층				
	[도로명주소] 경기도 안산시 상록구			1층 2층 3층 4층~45층 각	254.1395 228.3516 562.3638 543.0838			
1	전유부분의	건물의	표시	제38층 제3802호 철근콘크리트구조	84.8345	84.8345	680,000,000	비준가액 (공용부분 포함)
	대지권의	목적인	토지의	표시				
	1.동 소		대		122,259.4			
	대지권의	종류		1.소유권	29.6252	29.6252		
	대지권의	비율		대지권	122,259.4			
						토지·건물	배분내역	
						토 지 :	204,000,000	
						건 물 :	476,000,000	
	합 계						₩680,000,000.-	
			이	하 여	백			

나 빌라에는 드물지만 단독주택이나 시골집, 상가 등에는 추가로 설치된 건물들이 있다. 단독주택의 다용도실, 테라스에 설치한 수영장, 시골집 마당의 정자, 애견하우스, 조경수 등등 사용하면서 추가로 설치한 것들을 일컫는다. 제시 외 건물은 감정평가 시 포함된 것이 아니기 때문에 낙찰받아도 가져올 수 없다. 당연히 포함된 것인 줄 알았는데 그렇지 않기 때문에 제시 외 건물까지 받으려면 합의를 진행하거나 추가 매입해야 하는 일이 발생한다. 감정평가서에 '제시 외 건물'이 있다면 현장조사로 확인해서 필요한 설치물인지 제거해도 되는 설치물인지 파악해야 한다. 필요하다면 추가 비용이 발생할 것을 염두에 둔다.

둘째, 현황조사서다.

법원 집행관이 해당 부동산을 방문해 현장을 답사한 기록이다. 소유자나 임차인의 점유, 점유시기, 임차인의 대항력 유무를 알 수 있는 기본적인 자료이다. 토지의 현황조사서에는 건물이 있는지, 있다면 점유자가 누구인지, 유치권 행사 중인지 등이 기록된다. 주택의 경우 거주자에게 점유 원인과 이유 등을 묻고 기록하는데, 이는 참고만 해야 한다. 대답하는 사람이 숨기거나 거짓말을 해도 집행관은 받아 적을 수밖에 없다.

현황조사서 예시

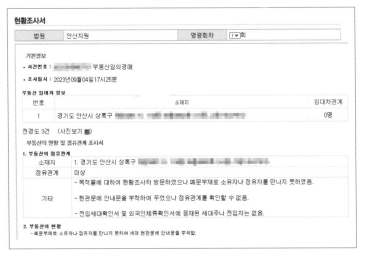

때로는 사람을 만나지 못하고 현황조사서를 우편함에 꽂아 두고 '거주자 만나지 못해 확인하지 못함'이라고 적는 경우도 있다. 현황조사서의 임대차 조사 항목에 '미상'이라고 적혀 있는 것은 살고 있는 사람이 임차 대항력이 있는지 없는지 모른다는 뜻이다. 집행관은 해당 부동산의 현황만 조사할 뿐이다. 점유자가 언제부터 살았고 확정일자를 받았는지는 묻지만 주민센터에 가서 점유자의 말이 사실인지 확인해서 기록하지는 않는다. 세입자가 거짓말을 한다고 해도 들은 대로 기록한다.

셋째, 매각물건명세서다.

가장 중요하다. 경매 부동산 표시 중요사항이 다 들어있고, 경매 받으면 어떻게 해야 할지 길을 보여주는 문서다. 이 문서에서는 특별 매각 조건의 내용을 확인해야 한다. 최선순위 설정일자, 배당요구 종기일과 위험 요소를 기재하는 비고란을 자세히 본다. 낙찰 후 매각물건명세서를 다시 봤는데 허위기재 사실이 있거나 하자가 발견되면 입찰보증금을 돌려받는 것도 가능하다.

특별매각조건에 다음과 같은 사항이 적혀 있곤 한다.

- **최선순위 설정일자** : 말소기준권리다.
- **배당요구 종기일** : 해당 경매 부동산의 채권자와 세입자 등 받을 돈이 있는 사람들이 경매해서 돈이 나오면 나눠달라고 법원에 신청할 수 있는 마지막 날짜다.
- **등기된 부동산에 관한 권리 또는 가처분으로 매각을 통해 그 효력이 소멸하지 않는 것** : 낙찰받았을 때 내가 해결해야 할 사안이 있다면 여기에 기재된다. 빈칸 혹은 해당사항 없음으로 표시된 것이 제일 안전하다.
- **매각에 따라 설정된 것으로 보는 지상권의 개요** : 빈칸 혹은 해당

수원지방법원 안산지원

2023타경▨▨▨

매각물건명세서

사 건	2023타경▨▨ 부동산임의경매		매각물건번호	1	작성일자	2024.03.28	담임법관(사법보좌관)	▨▨	
부동산 및 감정평가액최저매각가격의 표시	별지기재와 같음		최선순위설정	2000.06.10.근저당			배당요구종기	2023.11.14	

부동산의 점유자와 점유의 권원, 점유할 수 있는 기간, 차임 또는 보증금에 관한 관계인의 진술 및 임차인이 있는 경우 배당요구 여부와 그 일자, 전입신고일자 또는 사업자등록신청일자와 확정일자의 유무와 그 일자

점유자의성 명	점유부분	정보출처구 분	점유의권 원	임대차기간(점유기간)	보증금	차임	전입신고일자·외국인등록(체류지변경신고)일자·사업자등록신청일자	확정일자	배당요구여부(배당요구일자)

조사된 임차내역없음

※ 최선순위 설정일자보다 대항요건을 먼저 갖춘 주택·상가건물 임차인의 임차보증금은 매수인에게 인수되는 경우가 발생 할 수 있고, 대항력과 우선변제권이 있는 주택·상가건물 임차인이 배당요구를 하였으나 보증금 전액에 관하여 배당을 받지 아니한 경우에는 배당받지 못한 잔액이 매수인에게 인수되게 됨을 주의하시기 바랍니다.

등기된 부동산에 관한 권리 또는 가처분으로 매각으로 그 효력이 소멸되지 아니하는 것

매각에 따라 설정된 것으로 보는 지상권의 개요

비고란

-2024.01.11.자로 ▨▨▨로부터 유치권신고서가 제출되었으나, 2024.03.28.자로 철회서를 제출함.

주1 : 매각목적물에서 제외되는 미등기건물 등이 있을 경우에는 그 취지를 명확히 기재한다.
2 : 매각으로 소멸되는 가등기담보권, 가압류, 전세권의 등기일자가 최선순위 저당권등기일자보다 빠른 경우에는 그 등기일자를 기재한다.

없음이 제일 좋다. 토지 아래로 지하철이 다니거나 토지 위에 신호등 철길 같은 것이 설치되어 있다면 그 사실이 적혀 있다. 만약 이 때문에 가치가 떨어져 보인다면 입찰가를 최소한으로 산정하면 된다.

비고란에는 주의사항이 적혀 있다. '대항력 있는 임차인으로 전액 배당이 되지 않으면 인수 금액 발생할 수 있음'이라고 적

혀 있으면 경매 낙찰 금액으로 대항력 있는 세입자의 보증금을 다 돌려주지 못했기 때문에 나머지는 낙찰받은 사람이 내야 한다는 뜻이다. '정확한 면적과 인접 토지와의 경계 등은 측량을 통해 별도의 확인 필요함'이라고 적혀 있으면 공부상 면적이 맞지 않아서 낙찰받은 땅이 줄어들거나 늘어날 수도 있다는 뜻이다. 추후 측량 비용이 발생할 수 있다.

중요 2. 입찰가를 정하는 기준 잡기

경매에 참여하는 이유는 시세보다 싸게 사서 차익을 남기려는 게 목적이다. 입찰가를 높게 쓰면 낙찰받을 확률은 커지지만 경매에 참여하는 본래 목적을 상실할 수 있다. 비싸게 낙찰받아 차익이 크지 않은데 처분도 못하면 돈만 묶이는 셈이다. 입찰에 응하기 전에 입찰가를 정하는 기준을 먼저 마련하는 게 좋다. 예를 들어 시세 차익을 몇 개월 내에 몇 % 수익을 내고 자금을 회수할지 생각해 둔다. 또 최대치와 최저치도 생각해 둔다. 누구나 생각은 비슷비슷하기 때문에 자기 기준을 마련해 두고 소신껏 입찰에 응해야 성공 확률이 높아진다.

만약 당장 입찰을 하려는 이유가 시드머니를 모으기 위해서라면 매매 차익 실현 시 예상 수익을 산정해서 입찰가를 정한다. 매매보다는 월 수입을 높이기 위해 임대료를 받고 싶다면 전체 비용과 매월 나가는 대출 이자 등까지 포함해서 수익률을 예상해야 한다.

주식에는 무릎에 사서 어깨에 팔라는 말이 투자의 정석처럼 전해진다. 이는 부동산도 마찬가지다. 싸게만 입찰하려들면 낙찰이 힘들고, 낙찰에만 연연하면 비싸게 낙찰받는다. 입찰의 최저치와 최대치를 잡기 위해서는 비용을 산출할 줄 알아야 한다.

- **매매차익실현** 입찰가 = 시세 - 비용 - 기대수익

  ex) 1억 원 낙찰 매매수익

  매도 1.3억 원 - 비용 1천만 원 = 수익 2천만 원

- **임대수익실현** 입찰가 = 연간기대임대수익률(%) + 대출금 + 보증금 - 비용

  연간임대수익 = (월세 - 월이자) × 12개월 × 100%

  1억 원 낙찰 임대수익 보증금 2천만 원에 월세 50만 원 예상한다면,

  투입 원금 = 1억 원 - 대출금 5천만 원 - 임차 보증금 2천만 원 + 비용 1천만 원

  = 4천만 원

  월세 50만 원 - 이자 30만 원 = 월 순익 20만 × 12 = 연 수입 240만 원

  투입 원금 4천만 원의 240만원은 수익률 6%

감정평가서를 참고해서 해당 물건의 가치를 가늠해 둔 다음에는 반드시 현장조사를 나가야 한다. 감정평가 시점과 입찰일 시점에 시간 차이가 있으면 시세를 반영하는 데 오차가 발생한다. 감정평가는 1억 원 가치인데 현장에 가서 중개업소에 붙은 주변 가격을 보니 1천만 원이 더 높거나 더 낮게 형성되어 있을 수도 있다. 따라서 입찰가를 산정할 때는 감정평가서는 참고만 하고 반드시 현장조사를 거쳐야 한다.

비용 산출 항목

항목	비용	비고
1. 취등록세	개인 : 낙찰가의 1~3%(1주택)	다주택자나 법인은 % 다름
2. 등기비용	낙찰가의 0.25% 내외	채권말소 후 국민주택채권매입 등 고려
3. 법무사 수수료		임의청구이므로 두어 군데 이상 물어보고 평균치 예상
4. 명도 비용	평당 12~13만 원	이사를 내보내야 할 세입자 있는 경우
5. 이자	낙찰가의 60% × (연)0.06%	잔금 대출받을 경우
6. 인테리어		임대할 경우 수리비 등

* 실 투자금 = 전체 비용 - 대출금 - (임대보증금)

중요 3. 권리분석 루틴 만들기

권리분석은 해당 경매 부동산에 어떤 이해관계가 얽혔는지 파악해내는 일이다. 경매에 나온 부동산은 채무관계가 갈 데까지 산 다음에 해결이 안 되니까 법원으로 온 것이다. 어떤 권리가 우선하는지 파악하는 능력을 키워야 경매에서 이익을 실현할 수 있다. 그 기준이 되어주는 서류가 '매각물건명세서'이다.

경매 후 잔금까지 납부하면 소유권이 나한테 넘어오는데 이때 완전 깨끗한 상태로 넘어오는 게 아니라 살아서 같이 넘어오는 권리도 있다. 살아서 넘어오는 권리에 무엇이 있는지 정확하게 꿰고 있으면 경매물건을 검색하면서 쉽게 거를 수 있다.

대부분 권리분석에서 좌절감을 느끼고 경매는 어렵다고 포기하는 입문자들이 많다. 경매에 도전해서 경험하고 성공해서 차익까지 발생시키려는 초보 입문자라면 너무 어려운 것은 신경 쓰지 않는 것이 좋다. 권리분석만 따로 석 달 열흘 공부해도 새로운 사례는 계속 나온다. 채권채무관계가 그렇게 단순하면 법원에 왜 오겠는가. 그러니 지금 상황에서 공부할 것은 살아서 넘어오는 권리를 내가 떠안아도 괜찮은 것, 안 괜찮은 것을 구분하는 것이다. 권리분석의 자기 루틴을 만들어둬야 헷갈리거나 실수하는 일이 없다.

맨 먼저 기억할 것은 임차인 여부다. 임차인이 없으면 권리분석은 쉽다. 임차인이 있으면 그다음 확인할 것이 임차인의 대항력이다. 임차인의 대항력이란 경매 부동산이 근저당이나 가압류가 설정되기 전부터 전입신고를 하고 확정일자를 받아서 살고 있는 경우에 생긴다. 여기에 전세권을 등기한 임차인이 경매를 신청한 경우라면 말소기준권리까지 생긴다. 전세권은 설정비용이 들고 집주인 동의를 받아야 하기 때문에 세입자들 대부분 확정일자를 받아둔다.

- **권리분석 루틴 1**: 전세권 등기를 한 임차인 존재 여부
- **권리분석 루틴 2**: 근저당 가압류 확인
- **권리분석 루틴 3**: 매각물건명세서 비고란 반드시 확인

5대 말소기준권리

(근)저당, (가)압류, 담보가등기, 경매개시결정 등기, 전세권 등기

말소기준권리는 경매로 매각될 경우 등기상의 권리들이 소멸되는 것을 일컫는다. 쉽게 말하면 내가 경매 잔금 납부를 완료하면 근저당이나 가압류를 설정한 것들이 풀려서 깨끗한 상태로 나에게 소유권이 넘어온다는 뜻이다. 그런데 여러 채권자들이 저당과 압류를 복잡하게 걸어둔 것이라면 최초의 기준권리부터 차례대로 소멸된다. 이 5대 권리가 아닌 것은 기준권리로 보지 않기 때문에 낙찰 후 자동 소멸된다. 말소기준권리 '이전'이라고 표시된 비고가 있다면 나한테 넘어오고, 말소기준권리 '이후'라고 표시되어 있다면 나한테 넘어오지 않는다 정도로 기억하면 쉽다.

말소기준권리의 대부분이 근저당과 가압류로 설정되어 있으므로 처음 경매에 참여해서 권리분석할 때에는 근저당과 가압류가 설정된 물건 위주로 보는 게 낫다. 담보가등기나 전세권등기 등은 복잡한 단계로 넘어가야 하기 때문에 경매 시스템이 완전히 숙지되고 일정한 경매 수익률이 형성되는 단계에서 보도록 하자.

[4]

낙찰 후에 할 일

세 줄 요약

☑ 낙찰 후 매각허가확정일까지 2주 동안은 만약의 경우에 대비해야 한다.

☑ 대항력 있는 임차인이 가장 큰 숙제다.

☑ 낙찰 후에도 현장조사를 나가야 한다.

잔금납부와 현장실사

매수자로 선정되면 제일 시급한 것은 잔금 마련이다. 잔금을 기일 내 납부하지 못하면 입찰 보증금을 몰수당하기 때문에 잔금 납부 기일을 넘기지 않도록 준비해야 한다.

낙찰일부터 매각허가확정일까지는 2주 정도 소요된다. 이 기간은 잔금을 마련할 시간과 함께, 양측에서 이의를 제기할 기회를 주는 시간이다. 이 말인즉 어떤 일이든 벌어질 수 있는 시간이라는 뜻이다. 해당 경매와 관련한 재판기록을 열람하면서 매각이 취소될 만한 결정적 사유는 없는지, 매각절차에 이상은 없는지 등을 살펴야 한다. 낙찰받았다고 신나서 잔금 마련하러 다녔는데 갑자기 매각이 취소된다면 얼마나 황당하겠는가. 또한 경매로 받아낼 수 있는 돈이 채권자에게 무의미하다고 판단되면 법원 직권으로 매각을 취소시키기도 한다.

이 기간에는 생각보다 많은 일들이 일어난다. 돈을 구해와 채무를 변제해서 경매가 취하되는 경우가 가장 흔하다. 주변 시세가 계속 오름세에 있으면 경매 당사자는 어떻게 해서든 해당 물건을 지키는 쪽으로 방법을 찾아낸다.

이런 심리에 접근하는 사람도 있다. 입찰자가 수십 명 되는 인기 경매 물건에서는 패찰한 사람들이 경매 당사자한테 접근한다. 채무를 갚아줄 테니 경매를 취소시키고 자기한테 해당 부동산을 팔라고 한다. 경매 당사자는 경매보다 소금이라도 더 받을 수 있고, 사려는 입장에서는 시세보다 조금 더 저렴하게 살 가능성이 있으니 성사가 되기도 한다.

따라서 낙찰 후 2주 동안은 현장을 방문해서 어떤 상태인지 확인하는 것이 좋다. 낙찰받은 부동산에 점유자가 있는지, 점유자가 있으면 어떤 상태인지, 부동산 상태는 양호한지 등등을 확인하는 것이 좋다.

낙찰 후 현장을 방문하면 현황조사서에서는 없었던 내용이 새롭게 밝혀지는 경우도 있다. 오래된 작은 단독주택을 낙찰받은 뒤 현장을 방문했더니 그 사이에 태풍이 발생해서 심하게 훼손되었다면 어떻게 해야 할까? '나는 1억 원에 낙찰받았는데 복구비용이 몇천만 원 들게 생겼어요, 천재지변에 의한 손해가 발생했으니 낙찰금을 좀 깎아주세요'라고 감액신청을 해볼 수 있다. 감액신청은 잔금을 납부하기 전까지만 할 수 있다. 도저히 복구가 불가능한 경우 매각불허가를 신청해서 낙찰보증금을 돌려받고 경매건을 무효화시킬 수도 있다. 다시 말하면 현장조사는 입찰 전과 낙찰 후 2번 해야 하고, 잔금을 치르기 전에 현장에 들러서 심각한 훼손이 없는지 등을 살펴야 한다.

인도명령과 명도소송

매각 결정 후 현장을 답사했더니 누군가 살고 있다. 내가 소유권을 행사하기 위해 이 사람을 강제로 내보낼 수 있는지는 말소기준권리를 확인하면 된다. 말소기준권리 발생 전부터 확정일자를 받아서 오래 살고 있는 세입자 외에는 다 강제로 내보낼 수 있다. 그것을 '인도명령'이라고 하고 거부할 시 강제집행할 수 있다. 매각 대금 납부 후 3개월 이내에 인도명령 대상자는 강제집행이 가능하다.

하지만 내 마음대로 못 내보내고 세입자의 임차 기간을 보호해 줘야 하는 경우가 있다. 말소기준권리는 없지만 매각물건명세서에 인수해야 한다고 표시되는 임차인이다.

대항력 있는 임차인(세입자)을 내보내는 방법은 보증금을 내어주고 내보내는 것이다. 낙찰 시 대항력 있는 임차인의 주거기간과 보증금은 인수받아야 하기 때문이다. 대항력 있는 임차인이 확정일자를 가지고 경매 배당 신청을 한 경우에는 배당금을 받기 때문에 나머지 금액을 내주어야 한다. 만약 임대기간이 만료되었고 보증금을 받은 뒤에도 안 나간다면 인도명령이 아닌 명도소송을 별도로 진행해야 한다.

물론 말소기준권리 발생 이후 후순위 세입자는 대항력이 없기 때문에 인도명령을 집행할 수 있다. 그래서 권리분석 1순위가 대항력 있는 임차인이라고 한 것이다. 명도소송은 정식 재판 절차로 매각대금 납부 후 최소한 6개월 이상 소요된다. 공매에서는 인도명령 후 강제집행하는 과정이 없고, 곧바로 명도소송에 들어가 점유인을 내보낼 수 있다.

소액임차인의 최우선변제권

주거용 주택을 경매로 낙찰받는다면 소액임차인의 최우선변제권에 대해서도 알아둬야 한다. 임차인의 보증금은 법으로 최소한을 보장하고 있다. 이미 담보로 제공된 주택에 세입자가 들어왔고, 그 담보에 의해 경매가 발생하면 세입자는 후순위로 밀려서 전월세 보증금을 다 찾아가지 못한다. 하지만 소액일 경우는 후순위지만 일부라도 찾아갈 수 있게 최우선 배당을 해 주는 제도다.

문제를 하나 풀어보자.

A는 5억 원 상당의 아파트를 B은행에서 2억 원의 대출을 받

아서 구입하고, C에게 1억 원 보증금을 받고 임대해 줬다. 1년 후 돈이 필요해진 A는 2억 원으로 보증금을 올려 새로운 세입 자를 구하려고 했다. C는 자신의 보증금으로 인근 지역에서 아 파트를 구할 수 없어 A에게 재계약을 요청했다. A와 C는 1억 5천만 원에 임대 재계약을 하고, A가 B은행에서 다시 추가 대 출을 5천만 원을 받는 데에 C도 동의했다. 이후 대출 금리가 상 승하고 원금상환까지 돌아오자 A는 원리금을 연체하기 시작했 다. 6개월 이상 연체하자 B은행은 법원에 경매 신청을 했다. C 는 자신의 보증금 1억5천만 원을 다 찾아갈 수 있을까? 하나도 못 받을 경우 최우선변제권에 의하면 얼마를 찾을 수 있을까? 이 물건을 낙찰받으면 낙찰자가 C에게 해줄 것은 무엇일까?

C가 보증금을 1억5천만 원으로 올려준 뒤에 아파트가 경매 에 넘겨져도 B은행보다 임차 날짜가 앞서면 대항력 있는 임차 인이어서 다 돌려받을 수 있다. 하지만 이후에 재계약을 하면서 계약서를 새로 쓰고 확정일자를 다시 부여받았는데 B은행의 채 권보다 날짜가 이후가 된다면 후순위로 밀려나서 대항력을 잃 게 된다.

C가 소액임차인에 해당하는지는 사는 지역마다 다르다. 서 울이면 소액임차 범위에 들어가지만 경기도 김포라고 하면 소

액임차 범위를 벗어난다.

지역별 최우선변제 범위		
지역	소액임차범위	최우선변제액
서울특별시	1억6천500만 원	5천500만 원
수도권과밀억제권역 + 세종/용인/화성/김포	1억4천500만 원	4천800만 원
광역시 + 안산/광주/파주/이천/평택	8천500만 원	2천800만 원
그 외 지역	7천500만 원	2천500만 원

* 더 자세한 내역은 수도권정비계획법과 그 세부 시행령 확인 필요

　서울에 있는 A의 아파트가 경매에서 3억 원에 매각허가결정이 나면 B은행이 2억5천만 원을, C는 5천만 원밖에 받을 수 없다. 하지만 최우선변제권이 있어서 C의 5천500만 원을 내어주고, B은행의 나머지 채권이 말소된다면 좋겠지만 아니다. 모자라는 500만 원은 낙찰받는 사람이 인수해야 한다. 경매에서 최우선변제권까지 고려해서 응찰하고 싶을 때에는 지역 변수도 감안해야 한다.

"토지 지분 경매에 나온 땅은 소유하기 위한 것이 아니다.
빨리 되팔아야 경매에 참여한 보람이 생긴다."

4장

스몰머니로
가능한
토지 지분 경매

SMALL MONEY INVESTMENT

[1]

기회의 땅, 토지 지분 경매

> **세 줄 요약**
>
> ☑ 토지 지분 경매는 소액으로 빠른 수익을 낼 수 있다.
>
> ☑ 도로나 묘지로도 수익을 낼 수 있다.
>
> ☑ 토지는 주거용 부동산보다 골치 아픈 일이 적다.

어떤 물건이든 시간이 지나면 낡지만 땅은 그 반대다. 오히려 환골탈태할 기회가 생긴다. 어디로 달아나지도 않는다. 다양한 모양을 갖고 있어서 개발하는 사람의 의지에 따라 어떤 형태로든 조형할 수 있다. 밀가루가 빵의 무한한 변신을 품고 있듯 땅은 미래 가치를 무한하게 품고 있다. 땅은 그 가치를 알아 봐 주는 사람에게 수익으로 화답한다.

그중에서도 토지 지분 경매는 적은 돈으로 부동산 투자를 하고 싶은 사람들에게 기회를 준다. 몇십만 원 혹은 몇백만 원으로 토지 지분을 사들일 수 있다. **토지 지분 경매는 싸게 낙찰받아서 훼손된 상품 가치를 복구시켜 제 가격에 되팔아 수익을 내는 프로세스다.** 간단한 원리지만 땅이기 때문에 수많은 이해관계와 금전문제가 얽혀 있어서 경매에서 발생할 수 있는 경우의 수도 헤아릴 수 없이 많다. 이를 해결하는 방법까지 몇 가지로 요약정리 해서 터득하면 이보다 좋은 투자는 없다는 생각이 들 것이다.

토지 지분 경매는 틈새 상품

현재 경매시장은 경쟁률이 치열해서 갈수록 수익실현에 어려움이 커지고 있다. 경매에 관심을 가지고 도전하는 사람들이 많이 늘었고, 전업으로 하는 이들도 많다. 대중화된 만큼 안전한 물건 선호도가 높아져 경매 고수들은 자연스럽게 고위험 고수익 특수물건으로 이동하고 있다.

토지 지분 경매는 입문자들의 경쟁이 치열한 주택 경매와 고수들이 선호하는 특수물건 중간쯤에 존재한다. 비교적 안정적인 물건이지만 해결과정에서 만만치 않은 과제들이 등장하기 때문에 쉽기만 한 것은 아니다.

하지만 앞으로 토지 지분 경매는 수익 실현이 큰 물건이 더 많아질 것으로 예상된다. 우리나라 토지 소유자가 세대 교체되는 시점에 와 있기 때문이다. 소액으로 접근 가능한 개발 안 된 작은 토지들을 보면 상당 부분 상속으로 받은 땅들이다. 상속받아 공동소유하고 있지만, 해당 지분만 사고팔 수 있을 뿐 전체 부동산에 대한 처분권이 없다 보니 공유만 하고 처분할 생각은 못한다. 그러다 어느 한 사람이 경제적으로 위기에 처하면 그 지분이 경매에 등장하는 것이다. 묘지가 있는 작은 임야, 구도심 한가운데 도로 등의 땅들이 지분으로 경매에 나온다.

나는 여기에 기회가 있다고 본다. 지난 50년 동안 사람들은 서울로 모여들고 자고 일어나면 서울 땅값은 오르고 또 오르는 일이 반복되고 있다. 그 사이 지방 대도시나 50만 명 이상 중규모 도시들은 점점 낙후되고 도심공동화 현상이 가속화되고 있다. 개발과 산업화의 시대가 저물고, 인구감소에 따른 고령화가 사회 전반의 패러다임을 바꾸고 있다. 토지에 대한 접근에도 변화가 일어날 수밖에 없다. 스마트폰만 터치하면 자신의 관심사에 맞는 정보를 다 찾을 수 있다. 손품만 팔아도 전남 해남부터 강원도 고성까지 구석구석 위성사진으로 다 볼 수 있다.

제5차국토종합개발계획은 2020년부터 2040년까지 잡혀 있다. 그 첫머리가 이러한 변화에 대응해서 국토를 개발한다는 소리다. 출산율은 점점 떨어지고 모두 서울로만 모여들다 보니 지방 땅값은 신도시 계획 발표기 아니면 오를 기미가 없다. 그렇다고 필요한 주택을 계속 신도시 건설로 늘릴 것인가? 아니다. 기존의 도심을 집약적으로 재개발할 수밖에 없다. 병원, 학교, 문화시설, 상업시설 등은 흩어지면 흩어질수록 관리하기 힘들다. 대한민국 전체가 늙어가고 있다. 효율 측면에서 보아도 한 군데 모아놓고 관리할 수밖에 없다. 지방이나 중소규모 도시에서는 신도시 개발이 아닌, 기존 도심을 정비하는 재개발사업이 훨씬 탄력을 받을 것이다.

정부 정책과 함께 국민들의 생활방식 변화도 토지 거래에 영향을 미친다. 시간이 흐를수록 가족 간 결속력은 떨어지고 상속받은 토지나 공동소유한 부동산에 대한 각자의 이해관계는 더욱 복잡하게 얽히고 있다. 이러한 큰 흐름에서 예상하면 지방 중소도시 도심에 2평, 3평 정도의 지분만 가져도 돈을 벌 수 있는 기회가 생기지 않겠는가.

도로와 묘지가 핫한 이유

부동산 투자 대상으로, 아파트를 벗어나 시야를 넓히면 빌라, 상가, 토지, 농지, 임야, 도로, 공장 등 다양한 부동산들이 있다. 비교적 큰 금액이 오가는 상가와 공장, 거래가 활발하지 않은 임야와 농지를 제외하면 소액으로 도전할 수 있는 것은 빌라와 토지, 도로 정도다.

빌라는 전세가와 매매가의 차이가 크지 않아서 갭 투자를 많이 하는 부동산 중에 하나다. 근래 빌라 전세 사기가 사회적으로 큰 문제가 되면서 기피 대상이 되었다. 동시에 투자 심리가 위축되면서 매매 거래량 또한 쑥쑥 빠지고 있다. 이렇게 되면 빌라 가격은 더 하락하게 되고 전세금과 매매가가 역전되는 매물이 속출한다. 세입자는 더욱 전세를 불안하게 느끼고 기피한다. 장이 서지 못하고 얼어붙는다. 집주인은 다른 방법을 강구해야 하는데 갭 투자로 빌라를 산 경우라면 돈을 달리 구할 방법이 없다. 연쇄적으로 거래가 멈추게 된다. 많은 전문가들이 빌라를 부동산 투자로 추천하지 않는 이유다.

하지만 그것이 꼭 빌라에만 해당되겠는가. 어떤 부동산에 투자를 해도 잘못된 판단을 하면 실패한다. 투자가 위험하다는 빌라에도 기회는 분명 있다. 서울 구도심 빌라들은 늘 재개발설이 돈다. 인구는 많고 주택을 지을 땅은 부족하기 때문에 낡은 주택을 아파트로 바꿔 주택 문제를 해결하려는 기조는 여전하다. 하지만 구도심 재개발은 말이 나오면 짧게는 10년 길게는 20년도 넘게 걸린다. 투자는 차익 실현이 목적이고 짧은 시간 내에 얼마나 많은 수익을 내느냐 하는 시간 싸움이기도 하다. 10년, 20년 걸리면 투자가 아니라 묻어두는 돈이 된다. 그 시간과 돈으로 다른 투자처를 찾아보는 게 더 나을 수 있다.

그래서 소액 부동산으로 토지와 도로에 관심을 가지는 사람들이 늘어나는 추세다. 물론 큰 땅이 아니다. 초심자가 부동산 투자에 입문하면 도로가 경매에 나온다는 사실에 신기함을 감추지 못한다. 도로를 낙찰받아서 뭘 하려는 건지 의아하기도 하다. 이 경우에도 당연히 차익 실현이 목적이다.

도로의 차익 실현 방법은 크게 세 가지다.

첫째, 재개발이 되면 도로 지분만 갖고 있어도 아파트 분양권을 받을 수 있다.(서울 기준 90m² 이상일 경우)
둘째, 오래된 주택들 사이에 있는 도로라면 주택을 개발할 때

개발업자에게 대지 가격으로 되팔아 차익을 얻을 수 있다.

셋째, 도시개발계획이 잡히면 시세가 상승한다. 도로는 인근 토지의 1/5 가격 혹은 1/3 가격으로 평가된다. 도시개발계획 예정지에서 도로가 경매에 나오면 치열한 입찰가 경쟁이 펼쳐지는 것도 이 때문이다.

그리고 도로는 주택 수에 포함되지 않고, 재산세가 없어서 매각할 때까지 내야 하는 돈은 1원도 없다.

도로 경매는 부동산 경매에서도 하이 리스크 하이 리턴에 속하는 투자다. 잘못 투자하면 처음 계획과 달리 자금이 묶이고 전혀 가치 없는 땅이 될 수 있기 때문이다. 내 돈 들여서 산 내 땅인데 재산권 행사는 못하고 다른 사람들이 지나다니는 공익적 역할만 하는 상황이 벌어진다. 통행료를 받으면 된다고 생각할 수 있는데 받으면 얼마나 받겠는가. 소송에나 휘말리기 십상이다. 또 이미 땅값이 오를 대로 오른 지역의 도로가 경매에 나온다면 그건 또 분명 이유가 있다. 등기부등본은 정직하지만 모든 것을 다 기록하지 않는다. 수도 없는 임장(현장조사)을 통해 경험과 안목을 쌓아서 등기부등본이 말하지 않는 다른 사실들을 읽어내는 눈을 갖출 때 돈이 되는 땅을 찾을 수 있다.

그 외에도 '왜 경매를 받을까?' 궁금해지는 땅이 많다. 산 아래 붙어 있는 부정형의 잡종지, 뉘신지 모를 조상이 모셔져 있는 묘지를 포함한 땅, 언제부터 있었는지 모를 다 쓰러져 가는 시골집 등등이 있다. 게다가 모두 도심에서 멀리 떨어져 있어서 굳이 왜 경매를 받나 싶은 생각이 들 것이다.

부동산 투자에 성공하려면 목적 중심이 아니라 수단 중심으로 생각해야 한다. 예를 들어 산 아래 붙어 있는 못 생긴 잡종지는 활용 가치가 매우 높다. 잡종지는 이름 때문에 저평가 되거나 자칫 오해하기 쉽지만 투자자 입장에서는 매우 유용한 땅이다. 용도를 정할 수 없는 땅을 잡종지로 지목을 정하는 경우가 많은데 달리 생각하면 어떤 형태로든 자유롭게 용도를 변경할 수 있다는 뜻도 된다.

개발제한구역만 아니라면 잡종지 대부분 제한 없이 건축이 가능하다. 예를 들어 자동차운전학원이나 비행장으로 사용하던 곳, 지금은 잘 보기 어려운 변전소나 도축장, 쓰레기 및 오물 처리장 등이 잡종지에 들어간다. 잡종지는 주택, 공장, 상가를 지을 때 별도로 지목 변경을 하지 않아도 되어서 대지와 함께 매매가가 비싸게 형성되는 편이다.

본인이 사용하기 위한 목적으로 볼 때 토지 매매는 너무 너무 어렵고 머나먼 길이다. 마음에 드는 크기와 모양의 토지를 만나기도 어렵거니와 가격도 맞추기 힘들다. 하지만 누군가에게 필요한 땅을 저렴하게 사서 되팔 요량이면 땅이 지닌 나름의 상품가치가 보이기 시작한다.

묘지가 있는 땅도 마찬가지다. 남의 묘지가 있는 땅을 경매받아서 어쩌려고 싶을 것이다. 묘지가 있고 주변에 과일 나무가 심어져 있는 등 잘 관리된 땅일수록 자손들은 어떻게 해서든 그 땅을 지키려고 한다. 공유자 가운데 누군가는 나서서 지분을 살 가능성이 크다. 묘지 있는 토지의 지분이 경매에 나온다면 싸게 사서 시세보다 조금만 저렴하게 되팔면 된다. 조심할 것은 공유자가 너무 많은 땅이다. 수십 명씩 되면 오히려 아무도 안 나설 수도 있다. 이왕이면 비석이 세워져 있고 몇 군데 걸쳐 묘지가 흩어져 있는 땅이 좋다. 묘지가 한쪽에 몰려 있으면 그쪽만 자신들이 소유해도 된다고 생각하기 쉽기 때문에 매각 협상에서 난항을 겪기도 한다.

묘지에 투자할 때 주의할 점은 돈과 사람이다. 경매 보증금이 아닌 본인이 써내는 낙찰금 전액을 현금으로 가지고 있어야 한다. 묘지가 있는 임야나 전답은 대출이 불가능하다. 상속으로 공동 소유자가 2대 3대를 걸쳐 형성된 땅의 의외의 함정은 사람이다. 싸고 지방이라 경쟁자가 적어서 쉽게 보고 도전했다가 협상에서 포기하는 경우도 종종 있다. 공유자들 가운데 이미 돌아가신 분들이 절반 이상이고, 자녀들이 상속 등기를 안 한 데다, 해외에 거주하는 자손까지 공유자로 올라와 있으면 해법을 찾기 쉽지 않다. 공유물분할청구소송을 진행하려면 진행 단계마다 기입해야 할 서류가 어마어마하다. 공유자들로부터 내용증명의 답변을 받거나 협의에 들어갔다 해도 의견이 각자 다를 수 있어서 결론 도출까지 많은 시간을 쏟아 부어야 할 수도 있다. 소액만 찾다가는 입찰보증금만 날리는 경우가 있어서 신중해야 한다.

이제 도로와 묘지의 공통점을 눈치 챘을 것이다. 사용 목적이 분명한 땅이다. 지분 경매에 응찰하는 입장에서는 땅을 목적이 아닌 수단으로 인식해야 하지만, 필요로 하는 사람이 분명한 땅이라는 특징이 있다. 물건을 볼 때 좋은 땅인지도 봐야 하지만 누군가에게 필요한 땅인지 판단하는 것이 중요하다.

[2]
우량 물건의 조건

세 줄 요약

☑ 낙찰 뒤 되팔 방법이 보이면 도전해도 좋다.

☑ 비싼 땅은 처분하기 힘들다.

☑ 잘 아는 지역부터 시작하는 것이 좋다.

관심을 가지고 경매 물건을 검색해도 처음에는 어떤 물건이 좋은 물건인지 알 수가 없다. 몇 번 클릭하다가 말게 되는데, 이는 온라인상으로 볼 수 있는 서류를 읽을 줄 모르기 때문이다. 등기부등본을 열람하면 어디에 위치한 크기가 얼마만한 땅인지, 누가 말소기준권리를 갖고 있는지, 낙찰받으면 어떻게 해야 하는지 등등이 손바닥에 잡힐 듯 선명해야 하는데 경험이 없어서 잘 모르는 것이다.

그래서 토지 지분 경매를 시작하려면 서류만으로 토지의 모양과 값어치를 짐작할 수 있도록 훈련이 되어야 한다. 그래야 토지 지분 경매의 본래 목적인 '빠르게 처분할 수 있는가'를 판단할 수 있고 참여여부를 점쳐볼 수 있다.

토지 서류 빅5 보는 법

잘 팔리는 땅은 목적과 용도가 분명한 땅이다. 토지의 가치를 알고 접근해야 한다. 이를 확인하기 위해서는 5가지 서류를 볼 줄 알아야 한다.

토지서류 빅5

서류	주요 표시사항	포인트
토지등기부등본	권리관계	소유자와 근저당 설정
건축물대장	하자유무	위반사항
토지대장	개별공시지가	지가 변동 추이
지적도	모양과 위치	경사와 경계선
토지이용계획확인서	지목과 면적	지정, 제한, 농지법

토지등기부등본

대법원 인터넷등기소에서 열람할 수 있다. 해당 경매 물건의 권리관계를 파악할 수 있다. 표제부, 갑구와 을구로 나눠져 있다. 표제부는 이름표다. 소재지와 면적, 토지인지 건물인지 집합건물인지 등을 알려준다. 갑구는 소유권에 관한 사항이다. 소유자와 채권자, 경매, 압류, 가압류 등의 말소권리기준을 보여준다. 을구는 그 밖의 권리를 보여준다. 지상권, 전세권, 근저당권 등을 기록한다. 통상 경매에 등장하면 갑구에는 경매, 을구에는 근저당이 표시된다. 을구의 근저당에 대해 채무를 이행하지 않아서 갑구의 경매가 발생한다.

건축물대장

정부24에서 열람할 수 있다. 건축물대장은 해당 건축물의 장부다. 건축물을 무단으로 확장, 용도 변경을 하면 건축물대장 갑구에 '위반건축물'로 표시된다. 주택, 근린생활시설 등 어떤 용도로 허가된 건축물인지 알려준다. 1층 카페를 상가인 줄 알고 계약하려고 알아보면 주택인 경우가 상당수 있다. 가구수와 세대수, 주차장, 엘리베이터 수, 출입구 현황 등도 기재되어 있다. 참고로 주택은 임대 시 갱신요구권이 1회 2년 연장되지만,

상가는 1년 계약 후 갱신되면 10년 연장된다. 상가일 때는 임대해도 10년 쓸 수 있지만 주택은 길어야 4년이다.

토지대장

정부24에서 열람할 수 있다. 토지 소재지, 지번, 지목, 면적 등과 함께 변동사항이 있으면 변동사항이 발생한 날짜와 원인, 소유자 변동 시 변동된 소유자의 인적사항 등도 파악할 수 있다. 맨 마지막에 단위면적당 개별공시지가가 표시된다. 가장 중요하게 파악해야 할 것은 개별공시지가 변동 추이다. 계속 오름세에 있다면 좋은 징조다.

지적도

토지이음에서 무료로 열람할 수 있다. 토지이용계획확인서 안에 지적도가 포함되어 있다. 땅의 모양과 크기를 보여준다. 평면으로 제공되고 인접한 토지와의 관계를 알 수 있다. 도로에 붙은 땅인지, 맹지인지 확인이 가능하다.

토지이용계획확인서

토지이음에서 무료로 열람이 가능하다. 해당 토지가 개발제한 지역이나 환경보전지구 등으로 지정된 내용이 있는지 알려준다. 지역이나 지구로 지정되어 있으면 제한행위도 함께 제시되어 있다. 농지법 대상이거나 농지취득자격을 득해야 하는 경우, 상수원보호구역, 개발제한구역, 폐기물매립시설설치제한시설 등등 뭔가 많이 제한되는 느낌이 들면 일단 나중에 처분하기 힘들다는 것을 미리 예상해야 한다.

물건 선택 요령

지분 경매에 소액으로 참여한다는 것은 매우 작은 땅이라는 뜻이다. 2평이 채 안 되는 토지 지분도 경매에 자주 나온다. 이를 감안하면 토지 지분은 전혀 관련 없는 사람에게 비싸게 팔리는 게 아니라 필요한 공유자에게 되판다는 개념으로 접근해야 한다. 공유자에게 되팔려면 약간의 보정을 거쳐야 할 때도 있다.

2017년 정읍에 있는 토지 지분을 온비드 공매로 낙찰받았을 때의 일이다. 141만 원에 낙찰받아 3개월 후에 1천만 원에 매도해서 차익만 2배 정도 낸 물건이다. 무려 8차나 유찰되어 최초

매각 물건 정보

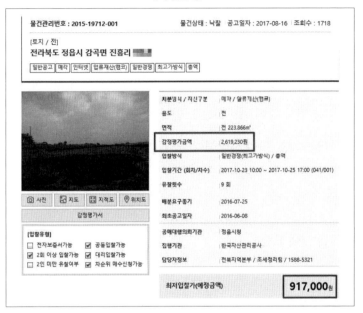

물건관리번호 : 2015-19712-001　　　　물건상태 : 낙찰　공고일자 : 2017-08-16 | 조회수 : 1718

[토지 / 전]
전라북도 정읍시 감곡면 진흥리 ▓▓▓

일반공고　매각　인터넷　압류재산(캠코)　일반경쟁　최고가방식　총액

처분방식 / 재산구분	매각 / 압류재산(캠코)
용도	전
면적	전 223.866㎡
감정평가금액	**2,619,230원**
입찰방식	일반경쟁(최고가방식) / 총액
입찰기간 (회차/차수)	2017-10-23 10:00 ~ 2017-10-25 17:00 (041/001)
유찰횟수	9 회
배분요구종기	2016-07-25
최초공고일자	2016-06-08
공매대행의뢰기관	정읍시청
집행기관	한국자산관리공사
담당자정보	전북지역본부 / 조세정리팀 / 1588-5321

사진　지도　지적도　위치도

감정평가서

[입찰유형]
☐ 전자보증서가능　☑ 공동입찰가능
☑ 2회 이상 입찰가능　☑ 대리입찰가능
☐ 2인 미만 유찰여부　☑ 차순위 매수신청가능

최저입찰가(예정금액)　　**917,000원**

물건 입찰 결과

▌상세입찰결과

물건관리번호	2015-19712-001		
재산구분	압류재산(캠코)	담당부점	전북지역본부
물건명	전라북도 정읍시 감곡면 진흥리 ▓▓		
공고번호	201708-29372-00	회차 / 차수	041 / 001
처분방식	매각	입찰방식/경쟁방식	최고가방식 / 일반경쟁
입찰기간	2017-10-23 10:00 ~ 2017-10-25 17:00	총액/단가	총액
개찰시작일시	2017-10-26 11:04	집행완료일시	2017-10-26 11:20
입찰자수	유효 8명 / 무효 0명(인터넷)		
입찰금액	1,410,000원/ 1,199,900원/ 1,077,700원/ 1,055,100원/ 1,045,999원/ 1,035,570원/ 920,000원/ 917,100원		
개찰결과	낙찰	낙찰금액	1,410,000원
감정가 (최초 최저입찰가)	2,619,230원	최저입찰가	917,000원
낙찰가율 (감정가 대비)	53.83%	낙찰가율 (최저입찰가 대비)	153.76%

해당 토지 지적도

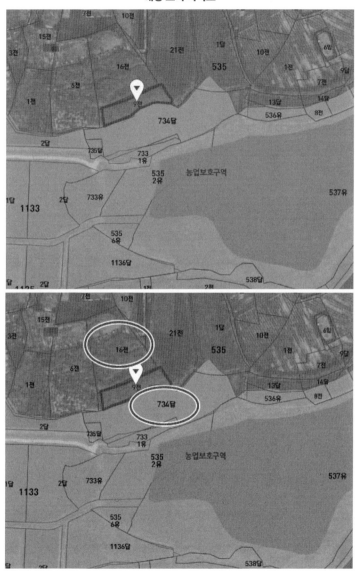

등기사항 확인

주요 등기사항 요약 (참고용)

[주 의 사 항]

본 주요 등기사항 요약은 증명서상에 말소되지 않은 사항을 간략히 요약한 것으로 증명서로서의 기능을 제공하지 않습니다.
실제 권리사항 파악을 위해서는 발급된 증명서를 필히 확인하시기 바랍니다.

[토지] 전라북도 정읍시 감곡면 전흥리 738-9 전 671.6㎡

고유번호 2112-1996-394661

1. 소유지분현황 (갑구)

등기명의인	(주민)등록번호	최종지분	주　　　소	순위번호
강○○ (공유자)	52101*-*******	3분의 1	정읍시	2
방○○ (공유자)	3분의 1	전주시	1
방○ (공유자)	670120-*******	3분의 1	전라북도	7

2. 소유지분을 제외한 소유권에 관한 사항 (갑구)

순위번호	등기목적	접수정보	주요등기사항	대상소유자
3	압류	2002년12월5일 제2820호	권리자 정읍시	강서훈
3-1	공매공고	2016년6월8일 제14836호		강서훈
4	가압류	2004년12월17일 제30607호	청구금액 금20,889,280원 채권자 서신신용협동조합	강서훈
5	압류	2005년1월28일 제2174호	권리자 국	강서훈
6	가압류	2008년6월5일 제16463호	청구금액 금27,054,904원 채권자 전주중앙신용협동조합	강서훈

3. (근)저당권 및 전세권 등 (을구)
- 기록사항 없음

소송 현황

일자	내용	결과
2017.11.20	소장접수	
2017.11.20	원고 유근용 접수증명	2017.11.20 발급
2017.11.23	참여관용 보정명령	
2017.11.23	원고 유근용에게 보정명령등본 송달	2017.11.27 도달
2017.11.27	원고 유근용 보정서 제출	
2017.11.27	피고1 빙○○에게 소장부본/소송안내서/답변서요약표/보정서 송달	2017.11.30 주소불명
2017.11.27	피고2 빙○○에게 소장부본/소송안내서/답변서요약표/보정서 송달	2017.12.01 폐문부재
2017.12.04	주소보정명령(소장부본-도과기간확인)	
2017.12.04	원고 유근용에게 주소보정명령등본 송달	2017.12.05 도달
2017.12.05	피고2 빙○○에게 소장부본/소송안내서/답변서요약표 송달	2017.12.11 폐문부재
2017.12.07	원고 유근용 주소보정서(방승재) 제출	
2017.12.14	피고1 빙○○에게 소장부본/소송안내서/답변서요약표 송달	2017.12.18 도달
2017.12.14	피고2 빙○○에게 소장부본/소송안내서/답변서요약표 송달	2017.12.19 도달

부동산 매매계약서

부동산매매계약서

1. 부동산의 표시

전라북도 정읍시 감곡면 진흥리 ▒▒▒ ▒ 671.6 ㎡ 전부

2. 계약내용

제1조 위 부동산을 매도인과 매수인 쌍방 합의하에 아래와 같이 매매계약을 체결한다.

제2조 위 부동산의 매매에 있어 매수인은 매매대금을 아래와 같이 지불키로 한다.

매매대금 : 금 천만 원정(₩10,000,000원)

계 약 금 : 금 천만 원정은 계약과 동시에 매도자에게 지불하고 영수함.

중 도 금 : 금   원정은   년   월   일 지불하고 영수함.

잔   금 : 금   원정은   년   월   일 지불하고 영수함.

제3조 : 부동산의 인도는 2018년 1월 23일 하기로 한다.

제4조 : 매도인은 위의 부동산에 설정된 저당권, 지상권, 임차권 등 소유권의 행사를 제한하는 사유가 있거나, 제세공과 기타 부담금의 미납금 등이 있을 때에는 잔금 수수일까지 그 권리의 하자 및 부담 등을 제거하여 완전한 소유권을 매수인에게 이전한다. 다만, 승계하기로 합의하는 권리 및 금액은 그러하지 아니한다.

제5조 : 매도인은 잔금 수령시 소유권(등기)에 필요한 서류를 매수인에게 교부하고 이전등기에 협력키로 한다.

제6조 : 본 계약을 매도인이 위약시는 위약금으로 계약금의 배액을 변상하고, 매수인이 위약시는 계약금을 포기하고 반환 청구하지 않기로 한다.

제7조 : 매도인 또는 매수인이 상대방의 의무불이행으로 인하여 손해를 받았을 때에는 위약금과 별도로 그 손해금의 배상을 상대방에게 청구할 수 있다.

이 계약을 증명하기 위하여 계약서를 작성하여 계약당사자가 이의 없음을 확인하고 각자 서명 날인하고 각각 1통씩 갖는다.

2018년 1월 23 일

매 도 인 : 유근용 ▒▒▒▒-▒▒▒▒▒▒
서울시 강서구 방화동 ▒▒▒▒▒▒▒ ▒▒▒ ▒▒▒
☎ ▒▒-▒▒▒-▒▒▒

매 수 인 : 이등선 ▒▒▒▒-▒▒▒▒▒▒
경기도 과천시 별양로 ▒ ▒▒▒▒▒ ▒▒▒ ▒▒▒▒▒
☎ ▒▒-▒▒▒-▒▒▒

감정가에서 25%나 떨어진 가격으로 입찰가가 내려와 있었다. 사방이 다른 사람의 땅으로 둘러싸인 맹지에다 산으로 이어진 경사 있는 땅이었다.

임장과 경험을 통해 토지의 가치를 판단하는 것은 이럴 때 내우 중요하다. 서류로만 검토하면 누가 봐도 정말 쓸모없는 땅이다. 그러니 여덟 번이나 유찰이 되었던 것이다. 공유 물건은 대부분 유찰을 겪는다. 쉽게 어쩌지 못한다는 선입견 때문이다. 그럼에도 그 경매에 도전한 이유는 싼 가격과 공유 지분이라는 두 가지 때문이었다.

나의 토지 지분 경매 제1원칙은 싼 땅은 좋은 땅이고, 비싼 땅은 나쁜 땅이다. 비싸게 사면 매도할 방법이 극히 제한적이다. 싸게 사면 손해 보지 않는 선에서 매도할 여러 방법을 강구할 수 있다. 여러 번 유찰되어 감정가가 25% 이하로 떨어진 땅이니 시세대로 판다면 대박이고, 저렴하게 팔아도 2배 이상의 수익을 거둘 수 있는 물건이다. 그러면 이 땅을 사줄 사람이 있을 것인가 하는 과제가 남는다.

공유자가 있다는 것은 사줄 사람이 있다는 의미다. 잔금 치른 뒤 협상을 통해 매도할 수 있고, 협상이 결렬되면 형식적 경매를 신청해서 지분에 대한 물적 분할을 받을 수도 있다. 그래서 위험을 무릅쓰고 정읍의 토지 지분 공매에 도전한 것이다.

8명이 입찰에 참여해서 2등과 20여만 원 차이로 낙찰을 받게 되었다. 잔금을 치른 후 바로 소유권 이전부터 하고 두 명의 공유자에게 내용증명을 발송했다. 내가 이 토지를 공매로 낙찰받았고, 필요한 사람에게 팔 의향이 있음을 알리기 위해서였다.

물론 내용증명은 수취인불명으로 전달되지 않았다. 그다음에는 공유물분할청구소송을 냈다. 법원에 소장을 접수하고 7일이 지나니 한 명의 공유자에게 연락이 왔다.

"소장이 날아와서 연락드렸습니다."

"제가 낙찰받은 토지를 사실 의향이 있으시면 시세보다 저렴하게 드리겠습니다."

"그 땅은 우리한테 아무 쓸모가 없습니다. 지분을 매수할 생각도 없고요. 상속으로 받긴 했지만 있는 줄도 모르고 살았던 땅입니다. 그냥 알아서 하세요."

공유 지분 투자에서 가장 최악의 경우다. 공유자들이 내가 낙찰받은 지분을 사줄 마음이 없다. 공유자가 농사를 짓고 있거나 필요한 땅이라면 내 지분을 팔 수 있었겠지만, 이 경우에는 소유자들로부터 버림받은 땅이나 다름없었다. 토지 지분 경매 시에 수익 실현이 가장 어려운 케이스다.

방법은 아직 남아 있다. 공유자의 지분을 내가 도로 사서 한 덩어리로 만들어 일반 매매로 파는 것이다. 싸게 사면 손해 보지 않는 선에서 매도할 여러 방법을 취할 수 있다고 하지 않았는가. 이 땅은 총 203평, 시세는 평당 8~9만 원, 나는 평당 2만 원 정도에 1/3 지분을 낙찰받았다. 이젠 내가 동의하지 않으면 공유자들도 이 땅을 온전히 처분할 수 없다. 제 가격에 사서 제 가격에 되팔면 수익이 너무 줄어들기 때문에 몇 번 우회해야 한다.

통상은 이럴 경우 형식적 경매를 신청한다. 형식적 경매란 지분을 가진 사람이 부동산을 현물로 환가하여 나눠 갖기 위해 진행하는 경매이다. 형식적 경매로 넘어갈 경우 가장 큰 위험은 내가 낙찰받은 금액보다 더 낮은 가격으로 다른 사람에게 토지가 낙찰되는 것이다. 형식적 경매로 넘기되 손해 보지 않을 다른 방법을 찾아야 했다.

일단 법원 담당자에게 '형식적 경매로 수익을 나눠 갖기로 했다'고 연락했더니 화해권고결정신청서를 내라고 했다. 공유자들과 합의했다는 의미로 신청서를 내면 '화해권고결정문'을 보내준다. 화해권고결정문을 받고 나서 공유자들이 아닌 인접 토지 수유자들에게 인탁을 취했다.

'내가 당신 토지 옆 203평을 낙찰받았는데 혹시 살 마음이 없나요? 내 땅을 사면 당신 토지가 더 넓어지고 모양도 더 좋아질 텐데요. 시세보다 저렴하게 드리겠습니다.'라는 내용이었다.

인접 토지 소유자 한 명한테서 연락이 왔다. 203평을 1천만 원에 넘기면 사겠다는 것이다. 잠시 생각해 보겠다고 한 뒤, 이번에는 공유자들에게 연락했다. 두 명의 공유자들에게 총 300만 원을 주기로 협의를 마쳤다. 협의로 203평을 내 소유로 만든 뒤 인근 토지 소유자에게 연락했다. 내가 투자한 금액은 낙찰금 141만 원에 공유자들에게 준 돈 300만 원을 더해 총 441만 원이니 1천만 원에 팔아도 배가 남는 거래였다. 인접 토지 소유자는 그 땅을 제값 주고 사려면 1천600만 원 이상을 줘야 하니 서로가 500만 원 이상 이득을 볼 수 있는 거래가 성립되었다. 이렇게 낙찰받아 수익을 내고 팔기까지 총 3개월 정도 소요되었다. 만약 싸게 낙찰받지 않았다면 이런 거래는 성립이 불가능하다.

토지 지분 경매에 나온 땅은 소유하기 위한 것이 아니다. 빨리 되팔아야 경매에 참여한 보람이 생긴다. 그러기 위해서는 물건 선택 시 몇 가지 판단 기준이 있어야 한다.

첫째, 되팔 수 있는 지분인지 판단해야 한다. 공유자가 너무 많을 경우 문제가 된다. 혹은 이전 소유자가 기획부동산에 속아서 산 땅일 수도 있다. 공유자가 너무 많거나 기획부동산의 손을 거친 땅은 되팔기 어렵다. 단, 활용가치가 있는 땅일 경우 저렴하게만 낙찰받는다면 수익을 얻을 수 있다.

기획부동산의 작업 물건 피하는 법

- 등기사항전부증명서를 확인.
- 공유자가 최소 7명이 넘거나 100명 이상 되는 땅.
- 공유자 인적사항이 나이 성별 불문 전국적으로 퍼져 있는 땅.
- 단시간에 불특정 다수에게 매도한 흔적.

둘째, 지역 입지를 판단해야 한다. 대도시나 개발이 예정된 지역, 택지 인근 농지의 토지 지분이 경매나 공매로 나온다면 관심을 기울일 만하다. 내가 잘 아는 지역부터 시작하는 것이 좋다.

- 신축빌라를 짓고 있는 초등학교 주변(빌라 건축업자에게 팔기 좋다).
- 구도심 주택 주변(낡은 주택을 허물고 새로 지을 때 필요해진다).
- 난개발이 일어나는 곳(난개발로 인해 주변이 낙후되어 연쇄적으로 개발에 들어간다).

셋째, '농지취득자격증명'이 필요한 땅이라고 겁먹지 않는다. 농지취득자격증명이 필요한 여러 경우가 있는데 상속과 매매는 관할 행정센터에 신청하면 3일 이내에 발급받을 수 있다.

농업진흥지역 토지는 농지취득자격증명 발급 불가

- 농업진흥지역 토지에서는 주말체험영농 목적으로는 더 이상 농취증을 발급하지 않는다.
- 농취증이 없으면 소유권 이전 후 매도가 불가능하다.
- 토지이용계획서에 '농업진흥구역' '농업보호구역'이 적혀 있으면 패스한다.

요약하자면 소액과 작은 평수의 목적이 분명한 지분일수록 수익 실현 가능성이 크다는 뜻이다.

토지 임장 시 눈여겨 볼 것

여러 차례 말했듯 임장이라고 부르는 현장조사는 매우 중요하다. 토지의 경우 인터넷에서 여러 서류를 확인해 봐도 뭐가 뭔지 감이 안 잡힌다. 사진을 눌러 봐도 이게 좋은지 나쁜지 해도 되는 건지 안 되는 건지 도통 알 수가 없다. 현장조사는 매우 중요하다고 했으니 나가 본다. 하지만 가서 봐도 이 땅이 그 땅인지 헷갈리기만 하고 다 똑같아 보인다. 경매에 오른 채 몇 년째 방치된 땅만 그런 게 아니라 인접한 다른 땅도 무슨 차이가 있는지 처음에는 봐도 잘 안 보인다. 부지런히 임장을 다니면 조금씩 보이기 시작하는데, 현장조사를 가기 전에 확인해야 할 몇가지를 알고 가면 그나마 좀 낫다.

첫째, 서류상 정보와 현장 정보가 일치하는지 확인한다.
내비게이션이 알려주는 지번대로 갔는데 위치를 다르게 안

내한다거나, 지적 공부^{公簿}와 조금이라도 다르다면 확인해야 한다. 경매 정보에 나와 있는 토지와 실제 토지의 상태나 이용 현황에 어떤 차이가 있는지 확인하는 것이다. 수풀이 우거져 있기도 하고, 간이 숙소가 세워져 있거나, 인접한 건물이 침범한 경우도 있다. 공유자들이 토지를 경작하거나 주차장으로 활용하는 경우도 흔하다. 이는 지분 토지를 낙찰받았을 때 해결 포인트를 발견할 수 있는 매우 중요한 요소이다.

둘째, 보폭 측량으로 크기를 숙지해 두는 것이 좋다.

처음 현장에 가면 넓이를 가늠하기 어렵기 때문에 자기 보폭으로 열 걸음에는 몇 미터인지 줄자를 갖고 다니면서 측정해서 머릿속에 환산하는 연습을 한다. 서류상 기재된 면적이 어느 정도 크기인지 면적만 봐도 가늠할 수 있게 되면 토지 지분 경매에도 자기만의 기준을 세울 수 있다.

셋째, 도로와 인접한 땅인지 맹지인지 확인한다.

맹지는 진입로가 없어서 썩 좋은 땅이라고 하기는 어렵다. 하지만 맹지라 해도 가족 묘지로 쓸 땅을 찾는 사람들에게 팔 수 있다.

넷째, 인접한 토지 상태와 주변 환경을 체크한다.

붙어 있는 토지와 경계가 뚜렷한지, 인접한 토지가 낙찰받은 토지를 침범하거나 가치를 훼손하고 있는 것은 아닌지 확인한다. 시골 땅 같은 경우에는 토지 경계가 분명하지 않고 인접한 토지 주인이 집을 짓고 무단으로 사용하는 경우도 많다. 주변에 축사나 폐가 등 환경과 미관을 해치는 요소가 있는지도 살펴본다.

다섯째, 정확한 측량이 필요한지 살펴봐야 한다.

측량은 지적도와 실체를 일치시키는 작업이다. 낙찰자 부담으로 측량해야 하는 경우 매각물건명세서에 '토지의 경계(건축선 이격 등)확인 및 무단점유에 대한 명도 책임은 낙찰자에게 있습니다.'라고 명시되어 있다.

[3]
지분 경매의 꽃, 빠른 매도

세 줄 요약

☑ 지분 낙찰 시 공유자에게 내용증명을 통해 빨리 연락한다.

☑ 지분 매각이 어려우면 공유물분할청구소송으로 공유자와
  협상을 다시 시작한다.

☑ 지분 매각 협상이 결렬되면 수익 창출 시간이 길어지므로 목
  표수익에 못 미치더라도 성사시키는 마음으로 임한다.

지분 경매에서 가장 어려운 점은 공유자 동의 없이는 아무것도 할 수 없다는 것이다. 따라서 지분 경매에서는 지분을 빠르게 처분해서 현금으로 수익을 내고 그 돈으로 다른 물건에 투자해서 계속 돈을 불려나가는 게 가장 큰 과제이다. 시간이 오래걸리면 1년 이상 진행될 수도 있기에 목표는 항상 수익을 내는

데에 있다는 점을 잊으면 안 된다.

낙찰받은 토지를 매도하고 빠져 나오는 방법에는 3가지 순서대로 정석이 있다.

첫 번째는 앞서 예로 든 정읍 토지처럼 낙찰받은 지분을 팔거나 공유자 지분을 사서 한 덩어리로 만들어 되파는 방법이다.

◑ 지분 낙찰 → 공유자에게 매도

◑ 공유자 지분 매입 + ◐ 낙찰 지분 = ● 일반 매매

두 번째는 한 덩어리 전략이 통하지 않을 때 내 지분만큼 분할해서 받거나, 같이 팔아서 현금을 나누는 것이다.

◑ 지분 낙찰 → 지분만큼 땅 분할 → 일반 매도

◑ 공유자 지분 + ◐ 낙찰 지분 → ● 일반 매매 → 1/N 현금 분할

세 번째는 이렇게도 안 될 때, 공유물분할청구소송을 통해 형식적 경매에 올리고 낙찰가의 지분만큼 배당금을 받는 것이다.

소송 → ◑ 낙찰 지분 + ◑ 공유자 지분 = ● 전체 경매 → 전체 낙찰가에서 배당금액 수령

각 단계별 협의가 일사천리로 이뤄지지는 않는다. 그러니 첫 번째 방법이 안 되면 두 번째, 세 번째 방법이 나오는 것이다.

단계별 협상 노하우

자기 지분을 공유자들이 사주면 제일 편하다. 싸게 낙찰받으면 시세보다 저렴하게 매도해도 수익이 발생하니 공유자에게 넘길 수 있다면 가격 때문에 너무 실랑이를 벌이지 않는 것이 좋다. 자칫 상대방이 감정이 상해서 협상이 결렬될 수도 있다.

첫 수익을 손에 넣는 과정까지 한 사이클을 경험해서 그 과정을 자기 것으로 만드는 것이 무엇보다 중요하다. 때문에 큰 수익을 내려다 성공 경험이 늦춰지면 이 메커니즘을 이해하지 못하기 때문에 우선은 첫 수익을 내는 것을 목표로 하는 것이 좋다.

물론 수고에 대한 보람을 느낄 만큼 적당한 수익을 얻는 협상을 해야 하므로 시세 확인은 필수다. 시세가 평당 10만 원이고,

낙찰을 평당 3만 원 정도에 받았다면 중간 지점은 평당 6.5만 원 가량이다. 협의를 하면 누구나 깎고 싶어 한다. 중간 지점까지 내릴 수도 있음을 염두에 두고 처음에는 받고 싶은 금액보다 조금 더 높게 요구한다.

높게 불러도 시세보다는 싸기 때문에 운 좋게 바로 협의되는 경우도 있다. 하지만 여러 번 협의를 할 수도 있음을 예상하고 협상할 때마다 전체 금액의 약 5% 정도씩만 낮춰줄 생각으로 응하면 서로 합의점에 도달할 수 있다.

공유자의 지분을 내가 사야 하는 경우도 마찬가지다. 협의가 이뤄질 때까지 내 입에서 나오는 말 한마디에 수익이 달라짐을 명심하고 가격 협상을 끌고 가면 된다. 그러나 이 방법이 모두에게 유용하지는 않다. 공유자 지분을 사오는 작전을 구사하려면 자금력이 있어야 한다. 적은 시드머니를 불려 나가고 싶어서 소액 토지 지분 경매를 시작한 입장에서 현금을 넉넉하게 준비해서 공유자 지분을 사들인다는 것은 현실적으로 어렵다. 내 지분을 공유자에게 현금을 받고 매도하거나, 나머지 공유지분을 현금을 주고 매수하는 것을 '가액배상'이라고 한다. 가액배상을 할 정도의 자금력이 있다 해도 내가 사용할 토지가 아니라면 어떻게든 지분은 수익을 남기고 파는 것이 제일 좋다.

지분만큼 분할해서 가지는 협의 분할 역시 썩 좋은 결과를 갖고 오지는 않는다. 큰 땅이 아니라 소형 지분이기 때문에 더 쪼개는 것은 땅의 상품 가치가 현저히 떨어지는 일이다. 팔아서 수익을 실현하기 어렵다는 뜻이다.

또한 공유자가 한 명이면 가로든 세로든 반으로 나누면 되지만 여러 명이면 누가 어디를 가지느냐를 두고 협의가 잘 이뤄지지 않는다. 모두 도로에 접한 면을 갖고 싶은 게 당연하다. 공유자들이 매도해서 돈을 나눠 가지면 좋겠지만 이 또한 쉽게 동의해 주지 않는 경우가 많다.

그다음 단계는 공유물분할청구소송을 제기하는 것이다. **공유물분할청구소송을 어떻게 끌고 가는가가 수익실현의 핵심이다.** 공유자들은 연락도 잘 닿지 않고, 내용증명을 보내도 송달에 실패하면 만날 길이 없다. 이때 공유물분할청구소송을 제기하면 법원에서 연락을 취해준다. 주소가 불분명하면 주소보정을 해서 소장을 다시 제출하라고 한다. 주소를 보완해서 소장을 다시 접수하면 법원에서 몇날 몇시에 법원으로 나오라고 한다. 공유자들이 법원에 나온다면 일단 협의할 기회가 생기는 것이다. 공유물분할청구소송은 진짜 분할해서 가지는 게 목적이 아니라 공유자들을 한자리에 다 불러 모으기 위해 제도를 활용하는 것이다.

공유물은 한 사람이라도 반대하면 처분할 수 없다. 같이 팔아서 돈으로 나누자는 데에 반대할 사람이 있겠는가 싶지만 그 공유물을 직접 사용하고 있는 사람이나 꼭 지키고 싶은 사람이 있다면 매매 반대의사를 표시하고 나온다. 협상이 결렬되면 그다음에는 진짜 형식적 경매로 가는 수밖에 없다. 형식적 경매는 법원이 해당 부동산을 경매에 넘긴 뒤, 대금을 공유자들에게 분배해 주는 방식이다. 최악으로 치달으면 돈 벌자고 지분을 낙찰받았는데 낙찰가보다 더 낮은 마이너스 수익이 생긴다.

지금은 경험이 많이 쌓여 경매에서 손해를 보는 일은 거의 없지만 초창기 투자 때에는 손실도 있었다. 내가 처음 토지 지분 투자에서 손해를 본 땅은 홍성에 있는 173평의 1/2 지분이었다.

감정가는 600만 원대, 여러 번 유찰되어 최저입찰가는 20%까지 떨어져 120만 원대에 정해져 있었다. 흡사 한반도 지도 모양의 부정형 맹지에 분묘도 2기나 있어서 여러 번 유찰된 땅이었다. 141만 원에 낙찰받았고, 다른 공유자가 한 명밖에 없어서 상대방 지분까지 매입하려고 마음먹었다. 공유자도 팔 마음이 있다고 했지만 협의는 결렬되었다. 1/2 지분을 141만 원에 낙찰받았는데 나머지를 1천200만 원에 사라는 것이다. 감정가가 600만 원 남짓인데 두 배를 달라고 하니 들어줄 수가 없는 조건이었다. 아무리 설득해도 막무가내로 그 가격이 아니면 안 팔겠다고 해서 어쩔 수 없이 공유물분할청구소송에 돌입했다.

소장이 접수되고 변론 기일이 잡혔다. 변론 기일에 판사 앞에서 '나는 이 땅이 맹지이고 분묘도 2기 있기 때문에 어떻게 될지 모르므로 300만 원에 매입하고 싶다'는 의사를 밝혔다. 묘지는 공유자의 연고묘도 아니었다. 하지만 공유자는 그 가격에 절대 매도하지 않겠다고 했다. 그래서 판사에게 경매로 판결을 내려달라고 요청했다. 형식적 경매 신청을 해서 경매가 진행되면 다시 낙찰받는 것이 더 유리하다고 판단했다. 매각물건명세서에 '공유물분할을 위한 경매, 부정형의 맹지, 분묘 2기'가 뜨기 때문에 누가 섣불리 나서지 않을 것이라 믿었다. 역시 형식적 경매에 올리고 5차까지 유찰되면서 300만 원대까지 떨어졌고, 한 번 더 유찰되면 6차에 참여해서 200만 원대에서 낙찰받으려고 했다. 그러면 상대방 지분을 100만 원대 초반에 갖고 올 수 있다. 그런데 5차에서 누가 낙찰을 받아가 버렸다. 왠지 한 번 더 유찰될 거 같아서 입찰에 안 갔는데 5차에서 누가 받아가 버린 것이다. 공유자는 1천200만 원을 원했는데 내가 공유물분할 청구소송을 해서 형식적 경매로 넘기는 바람에 100만 원대밖에 못 받는 상황이 되었다. 나 역시 5차에 참여했어야 했는데 욕심을 조금 더 부리다가 놓치고 말았다.

낙찰자가 잔금을 납부하면 배당 기일이 잡히기까지 약 한 달 정도가 소요된다. 배당 기일에 가서 3장의 지시서를 받았다.

- 매각대금 1,211,462원
- 집행비용 778,121원
- 이자 1,045원

총 1,990,628원을 받게 되었다. 지시서를 은행에 제출하니 바로 입금해 줬다. 공매 낙찰 후 공유물분할창구소송을 하고 화해 결정문을 받기까지 2개월 소요되었고, 형식적 경매 신청 후 낙찰이 되고 배당금을 받기까지 13개월, 총 15개월이라는 시간이 소요되었다.

투입된 금액은 1차 공매 낙찰비용 1,410,000원과 취등록세 및 소송에 들어간 비용 139,240원, 형식적 경매에 들어간 비용 1,192,500원 디해서 총 2,741,740원이다. 환급뵌 비용 321,429원을 빼면 2,420,311원이 내가 이 토지 경매에 쓴 비용이다. 배당 받은 금액은 1,989,583원. 손해 본 금액은 430,728원이다.

첫 손해 43만 원이라는 수업료를 내고 '욕심의 경고'를 받았다. 나도 나지만 상대방도 적당히 협의에 응했으면 100만 원 혹은 200만 원은 더 받을 수도 있었다.

이렇듯 단계별로 협상을 잘해야 성과를 얻는 것이 지분 경매다. 그 전에 적정 시세에 매도할 수 있도록 합의를 이루는 것이 중요하다. 이 과정에서 자기 지분을 공유자들에게 매도하면 좋고, 공유물 상태에서 일반 매매로 내놓자고 합의할 수도 있다. 공유자의 동의를 이끌어내려면 협의에 임하는 태도와 협상력이 무엇보다 중요하다.

주소 보정

1. 법원에서 주소보정 명령이 내려진다.
2. 대한민국법원 전자소송에 접속해 주소보정명령서 정본을 출력해서 신분증을 지참하고 가까운 행정센터에 방문한다.
3. 행정센터에 비치된 주민등록표 열람 또는 등초본 교부신청서를 작성한다.(여러 명일 경우 일괄 신청용 사용)
4. 작성한 서류와 함께 주소보정명령서 정본을 제출한다.
5. 담당자로부터 공유자들의 주민등록 초본을 받는다.
6. 대한민국법원 전자소송에 다시 접속해 소송 서류 정보 입력란에 새로운 주소를 입력하고 초본을 첨부한 다음 제출한다.(전자서명)

협상의 법칙

공유자와 협상할 때 제일 중요한 것은 감정에 호소하되 감정을 자극하지 않는 것이다. 듣기 좋은 호칭은 감정에 호소하는 가장 큰 스킬이다. 일단 누가 되었든 공유자들을 '선생님' 혹은 '사장님' 등의 듣기 좋은 애매한 호칭으로 불러준다. 그러면 존중받는다는 느낌 때문에 내가 하는 말을 듣기 시작한다.

그다음에는 공유자들이 말할 수 있도록 질문하고 정보를 먼저 모은다. 공유자들 성이 다 같으면 필시 가족관계일 확률이 높으니 "이 땅을 상속받으신 듯한데 제가 지분을 갖게 되어 송구합니다. 어떻게 하고 싶은지 의견을 주시면 최대한 따라드리겠습니다." 정도로 말을 시작하면 자기들이 어떻게 이 땅을 갖게 되었는지 누구 잘못으로 지분이 나왔는지 줄줄 이야기한다. 길게 이야기해도 중간에 끊는 일 없이 계속 듣는다. 귀로는 들으면서 머릿속으로 공유자들이 이 물건을 어떻게 하고 싶은지 포착해서 서로 윈윈할 수 있는 아이디어를 짜내야 한다.

연락을 피하고, 애써 만났는데 말이 길어진다면 피곤한 게 아니라 오히려 좋은 현상이다. 그만큼 땅에 대한 애착이 있다는 표현이기 때문에 내 지분을 좋은 가격에 넘길 수 있다. 그들이 원하는 가격을 듣고 있다가 시세보다는 저렴하게, 나에게는 수익이 되게 절충하면 된다.

공유자들의 성이 다 다르면 공동 매입했을 가능성이 크다. 공동 매입했다는 것은 공유자들도 수익을 내려는 의도가 명확함을 의미한다. 이 경우에는 협상이 좀 쉬울 수 있다. 서로 의도가 명확하기 때문에 긴 말하지 않고 가져갈 수익에 대해 논리적으로 설명하면 협의에 이를 수 있다.

하지만 기획부동산에 걸린 경우는 좀 다르다. 기획부동산에 걸려 공동으로 투자한 경우 시세보다 비싸게 매입했을 가능성이 크고, 경매 낙찰률을 생각하면 애초에 매입한 금액보다 터무니없이 싼 금액이라고 생각하기 때문에 협의 자체를 거부하는 경우가 많다.

기획부동산에 쪼개기 당한 땅인지 잘 살펴보고 피해가야 한다. 물론 서류상으로 검토해서 여러 가지 유추해 보는 것도 도움이 되지만, 제일 중요한 것은 현장조사다. 현장조사를 가서 지역 부동산에 방문해 현지 소식이나 분위기도 파악하는 것이 좋다.

경매 법정에서는 결국 낙찰자의 손을 들어줄 수밖에 없다. 사건의 원인제공자가 아니라 사건 해결의 열쇠이기 때문이다. 경매는 누군가 땅과 돈에 얽힌 약속을 지키지 못했고 그것을 법의 힘으로 해결하는 과정이다. 약속을 지키지 못한 측, 채무자와 그의 공유자들이 끝내는 낙찰자의 협의에 응할 수밖에 없는 구조다. 그래야 낙찰자로부터 돈을 받아서 사건을 일부나마 해결할 수 있기 때문이다.

공유자우선매수신청권에 유의

지분이 경매에 나오면 공유자들에게 낙찰받을 수 있는 우선권이 주어진다. 공유자들은 자기 잘못도 아닌데 지분이 경매에 넘겨지면 억울할 수밖에 없기 때문에 이를 고려해 공유자들에게 우선 낙찰받을 권리를 주는 것이다.

경매에서 지분 물건을 리스트업 하면 '우선매수신청'이라고 표시된 물건들이 있다. 공유자들이 미리 신청해 둔 물건이다. 개찰해서 최고매입가가 정해지면 낙찰하기 전에 "우선매수신청하실 분 있습니까?"라고 마지막으로 묻는다. 그때 우선매수신청자가 손들고 나오면 최고가를 써냈다 하더라도 낙찰받을 수 없다. 공유자에게 최저입찰가로 지분을 가져갈 수 있는 우선권을 주기 때문이다.

토지 지분으로 수익을 내는 과정을 마지막으로 정리하자면 다음과 같다.

1. 지분이 나온 토지를 낙찰받는다.

2. 기존 공유자들에게 낙찰받은 사실을 알리고 매수 의사가 있는지 묻는 내용증명을 보낸다.

3. 내용증명을 받은 공유자들이 협상에 응하면 매매를 주도한다.

4. 협상에 응하지 않으면 공유물분할청구소송을 제기한다.

5. 소송을 빌미로 변론 기일에 공유자들을 불러 모아 다시 협상을 시도한다.

6. 매수매도 협상이 결렬될 경우 현물분할협상으로 내 지분만큼 토지를 받는다.(분할을 해도 크기가 괜찮고 다른 사람에게 팔 수 있을 것 같은 토지인 경우)

7. 현물로 받은 토지를 매매해서 수익을 실현한다.

8. 위의 방법이 모두 안 된다면 법원에서 토지를 지분만큼 분할 또는 전체 재경매해서 낙찰 대금을 배당받는다.

"수익 실현에서 가장 중요한 질문은 '이 땅은 누구에게 필요할까'이다."

5장

소액 토지 지분
경매 수익화 사례

(유근용 부동산 소액투자 마스터 과정 수강생 사례)

SMALL MONEY INVESTMENT

[1]
기획부동산이 휩쓸고 간 임야

수익률 91.96%

당진에 있는 93평 임야 공매

공매는 경매와 다르게 권리분석이 까다롭지 않아서 느긋한 마음으로 접근하면 손해를 보지 않는다. 소액으로 미래를 내다보고 투자하면 반드시 수익을 얻을 수 있는 것이 공매의 매력이다. 이 토지는 캠코(한국자산관리공사)의 압류재산 매각처분으로 온비드에 올라온 물건이다. 임야로 분류되어 있으나 크기가 그리 크다고 할 수는 없다. 5차례나 유찰을 겪고 최저 입찰가가 50% 수준으로 내려와 있다.

주요 등기사항을 살펴보면 공유자는 현재 세 명이고, 그 중에

매각 물건 정보

온비드 바로가기	API수집-바로가기버튼				
2021-12988-002		입찰일자 : 2022-07-18 10:00 ~ 2022-07-20 17:00			
집행기관	한국자산관리공사	담당자	대전충남지역본부 / 조세정리2팀 / 1588-5321		
소재지	충청남도 당진시 대호지면 사성리 ■■■				
유찰횟수	5 회	물건상태	낙찰	감정가	8,680,000원
물건등급	일마	입찰방식	일반경쟁(최고가방식)	최저가	(50%)4,340,000원
위임기관		공고일자	2022-04-13		
납부기한		낙찰금액별 구분		종류/방식	압류재산 / 매각
면적(㎡)	임야310㎡				

낙찰정보

집행완료일시	입찰자수	입찰금액	결과	낙찰금액
2022-07-21 11:14	유효 3명 / 무효 0명	5,219,000원/ 4,550,000원/ 4,455원	낙찰	5,219,000원

한 명이 세금을 체납해서 지분이 공매로 나오게 된 케이스다. 지분 경매나 공매에서 토지는 주택보다 훨씬 쉽다. 주택이나 주거용은 대항력 있는 임차인이 거주할 경우 복잡한 권리사항을 파악해야 한다. 토지는 낙찰받은 뒤 매도할 방법만 발견하면 나머지는 일사천리로 진행할 수 있다.

최초 감정가가 868만 원인데 유찰을 거듭해 50%인 434만 원까지 떨어졌고, 입찰해서 두 명의 경쟁자를 물리치고 낙찰받았다. 2등과는 66.9만 원 차이였다. 지분 경매나 공매는 어렵고 복잡하다고 생각하는 사람이 많아서 입찰 경쟁률이 낮은 편이다. 따라서 단독으로 낙찰받는 경우도 많은데 이렇게 다른 경쟁자를 물리치고 낙찰받을 때의 짜릿함은 말로 설명할 수 없다.

입찰 결과

상세입찰결과			
물건관리번호	2021-12988-002		
재산구분	압류재산(캠코)	담당부점	대전충남지역본부
물건명	충청남도 당진시 대호지면 ****		
공고번호	202204-10463-00	회차 / 차수	028 / 001
처분방식	매각	입찰방식/경쟁방식	최고가방식 / 일반경쟁
입찰기간	2022-07-18 10:00 ~ 2022-07-20 17:00	총액/단가	총액
개찰시작일시	2022-07-21 11:02	집행완료일시	2022-07-21 11:14
입찰자수	유효 3명 / 무효 0명(인터넷)		
입찰금액	5,219,000원/ 4,550,000원/ 4,455,000원		
개찰결과	낙찰	낙찰금액	5,219,000원
감정가 (최초 최저입찰가)	8,680,000원	최저입찰가	4,340,000원
낙찰가율 (감정가 대비)	60.13%	낙찰가율 (최저입찰가 대비)	120.25%

해당 토지는 충남 당진에 있는 자연림 및 농경지 등이 혼재된 곳이다. 등기부등본을 확인했을 때 권리상 하자는 전혀 없었고, 낙찰 후 공유자우선매수는 들어오지 않았다.

위성사진과 지적도가 말해주는 토지 스토리

위성사진을 살펴보면 공매로 나온 토지는 정사각형의 반듯한 모양을 갖고 있다. 산인데 정사각형으로 반듯하게 나눠져 있다니 좀 이상하지 않은가? 말 그대로 산 한 자락을 네모로 반듯하게 잘라두었다. 개간을 해서 경작을 한다든지, 컨테이너 박스를 두고 물건을 보관하는 등의 활용하는 모습도 보이지 않는다. 왼쪽으로는 농사를 짓는 토지들이 보이지만 해당 토지는 농사를 짓고 있는 토지는 아니었다. 사진으로만 봐도 외진 곳에 위치한 임야이다.

해당 물건 위성사진

해당 물건 지적도

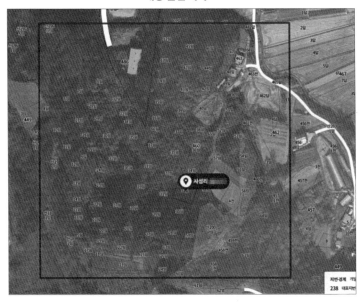

지적도를 보면 넓은 임야에 지번이 빼곡하게 들어선 모습이다. 한두 개가 아니고 얼추 100개는 넘게 비슷한 모양으로 잘려져 있다. 이런 모습을 띠고 있는 이유는 무엇일까? 기획부동산이 휩쓸고 갔기 때문이다. 기획부동산에서 휩쓸고 간 토지의 대부분이 이런 형태를 띤다. 쉽게 개발될 수 없는 임야를 싼값에 매입해서 잘게 쪼갠 뒤 텔레마케팅이나 지인 영업으로 시세보다 최소 3~4배 이상 비싸게 파는 수법을 쓴다.

지금은 워낙 정보가 발달해서 누가 기획부동산에 속을까 싶지만 마치 사라지지 않는 보이스 피싱범들처럼 기획부동산 사기꾼은 곳곳에 숨어서 냄새를 풍긴다. 가치가 낮은 임야, 전, 답 등을 지분으로 싼값에 매수할 수 있다고 부추긴다. 마치 '아는 사람만 아는 호재'가 있는 것처럼 그럴싸하게 포장해서 매수를 충동질하는 것이다.

만약에 이런 권유를 받았다고 상상해 보자. '용인에 있는 임야를 공동구매 형식으로 지분 매수해 두면 반도체클러스터가 들어올 때 개발될 것이다, 현재 평당 10만 원도 안 하는 땅인데 나중에 개발되면 평당 200만 원은 받을 수 있다'는 소리를 듣는다면 머리로는 아니라고 하는데 마음은 솔깃해진다. 용인은 수원 평택으로, 반도체는 신재생에너지나 친환경 사업으로 단어만 바뀐 채 같은 시나리오가 반복된다.

이렇게 소개하는 땅들은 거의 토지이용계획서를 떼보면 개발제한구역, 보전산지 등 개발이 어려운 토지와 고도가 높은 임야가 대부분이다. 토지이용계획서를 떼려면 정확한 지번이 있어야 하는데 계약금을 줘야 지번을 알 수 있다는 식의 말도 안 되는 핑계를 댄다. 아는 사람만 아는 호재인데 쉽게 지번을 알려줄 수가 없다면서 정확한 정보를 제공하지 않는다. 듣는 사람은 긴가민가하면서 호기심과 기대를 갖고 묻지마 계약을 하기도 한다. 나중에 알고 보면 평당 1만 원 남짓 하는 임야들이다. 기획부동산이 휩쓸고 간 뒤 경매나 공매에 지분으로 나오는 경우는 대부분 이런 스토리를 갖고 있다.

다 아는 뻔한 수 같은데, 만약 초등학교부터 고등학교까지 같이 다닌 몇 안 되는 소울메이트라고 여긴 친구가 이런 말을 하면서 권한다면 어떻게 될까?

'유근용 부동산 소액투자 마스터 과정' 수업에서 기획부동산에 속아 산 땅이 경매, 공매로 나왔을 때 어떻게 해결해야 하는지 그 해법을 풀어줬다. 이 물건은 수업에서 다룬 사례와 매우 흡사해서 입찰에 큰 어려움은 없었다고 한다. 또한 당진은 서해선 당진합덕역이 예정되어 있는 등 꾸준하게 개발되는 지역이다. 공매 낙찰 후 매각이나 협상이 힘든 최악의 상황에서 계속 보유하게 된다 해도 전혀 불리한 지역은 아니다.

수강생이 이 물건에 관심을 가진 이유는 시세보다 저렴하고, 고향인 곳이라 누구보다 이쪽 지역에 대해서 잘 알고 있고, 땅값이 오를 수밖에 없는 개발 호재도 있었기 때문이다. 가장 주효했던 점은 기획부동산에 속아 산 땅의 대부분은 하나의 지번에 공유자들이 최소 10명에서 100명이 넘는 경우가 많은데 해당 물건의 공유자는 3인이었다. 공유자가 많을수록 소송비용이나 우편비용 등등 관련 비용이 많이 발생한다. 공유자가 적은 토지를 골라야 매도하기 수월하다.

낙찰 후 공유물분할청구소송 진행

수강생은 낙찰을 받고 공유자들과 연락을 취하기 위해 인터넷 우체국을 통해 우편을 보냈다. 예상대로 아무에게도 연락이 오지 않아 공유물분할청구소송을 진행했다. 모두에게 소장이 도달하자 공유자 가운데 한 사람으로부터 연락이 와서 토지에 대한 스토리를 들려줬다.

스토리는 입찰 전에 예상했던 상황과 별반 다르지 않았다. 누군가는 전화 한 통에 속고 누군가는 친한 지인의 달콤한 권유에 속아 이런 땅을 비싼 값에 매입하는 것이다.

공유자들과 몇 번의 통화 끝에 합의점을 찾았다. 서로 협의가 되지 않아 해당 토지 전체를 경매로 넘길 경우 여러 번 유찰될 것은 자명한 사실이다. 시세보다 저렴하게 사려는 이들이 경매에 관심을 갖기 때문에 대부분 2회 이상 유찰된다. 유찰될 때마다 가격은 떨어지기 마련이다. 다시 경매로 진행된다면 처음부터 기획부동산에 속아 높은 가격에 매입했던 공유자들은 더욱 큰 손해를 볼 수밖에 없다.

앞으로 일어날 상황에 대해 진지하게 의견을 나눴고, 낙찰자가 자신이 알고 있는 앞으로의 당진 지역 호재에 대해서도 알려주자 공유자 중 한 사람이 매입 의사를 밝혔다. 얼굴 한 번 보지 않고 전화 몇 통으로 매도 협상을 끝낼 수 있었다. 공유자 입장에서는 낙찰자가 받은 지분을 저렴하게 산다면 땅을 통해서도 물타기가 가능하다. 처음에는 속아서 비싸게 샀지만 공매 낙찰 지분을 저렴하게 되사오면 평균치를 낮추는 효과가 생긴다.

해당 물건의 낙찰가는 521.9만 원이었지만, 6개월 만에 1천만 원에 매도했다. 수익률은 91.61%다.

[2]
누가 살까 싶은 하천 지분

수익률 61.33%

단기 수익의 모범 사례

하천 지분을 낙찰받아 단기간에 수익을 낸 소액 토지 지분 투자의 모범 답안에 가까운 사례다. 2022년 해당 토지 지분이 경매에 올라왔다. 감정가는 722.97만 원이고 4차례 유찰되어 감정가 대비 60% 떨어진 최저입찰금액이 344.8만 원이었다. 지목이 하천이고 지분으로 되어 있어서 입찰자는 없을 것으로 예상했다. 역시나 단독입찰이었다. 단 한 명이라도 입찰을 해줬더라면 낙찰의 기쁨이 더 컸을 텐데, 단독입찰은 늘 아쉬움을 동반한다. 낙찰가는 433.9만 원이었고 감정가 대비 60.02%에 낙

인쇄

물건관리번호 : 2021-13712-004　　　물건상태 : 입찰준비중　공고일자 : 2022-03-16　조회수 : 396

[토지 / 하천]
경기도 포천시 일동면 사직리 ▓▓

| 일반공고 | 매각 | 인터넷 | 압류재산(캠코) | 일반경매 | 최고가방식 | 종액 |

부동산정보 조회　　지적도　　위치도
감정평가서

[입찰유형]
- ☐ 전자보증서가능　　　☑ 공동입찰가능
- ☑ 2회 이상 입찰가능　☑ 대리입찰가능
- ☐ 2인 미만 유찰여부　☑ 차순위 매수신청가능

처분방식 / 자산구분	매각 / 압류재산(캠코)
용도	하천
면적	하천 80.33㎡
감정평가금액	7,229,700원
입찰방식	일반경쟁(최고가방식) / 총액
입찰기간 (회차/차수)	2022-06-13 10:00 ~ 2022-06-15 17:00 (023/001)
유찰횟수	4 회
배분요구종기	2022-05-02
최초공고일자	2022-03-16
공매대행의뢰기관	경기광주세무서
집행기관	한국자산관리공사
담당자정보	서울서부지역본부 / 조세정리팀 / 1588-5321

최저입찰가(예정금액)　　　　**4,338,000원**

| 물건 세부 정보 | 압류재산 정보 | 입찰 정보 | 시세 및 낙찰 통계 |

면적 정보

번호		면적	지분	비고
1		80.33㎡	-	지분(총면적 241㎡)

위치 및 이용현

소재지	지번	
	도로	

위치 및 부근현황　　　　　　　　　　　　　근거리에 위치하며, 본건까지 차량진입 가능하나(기호 2) 대중교통 여건은
　　　　　　　　　　　　　　　　　　　　　　도 등으로 보아 다소

이용현황　　　　　　　　　　　　　　　3은 제시외 건부지(폐가상태의 축사)로 이용중임.

해당 토지 위성사진

찰받았다. 공유자우선매수는 들어오지 않아 낙찰이 확정되었고, 소유권이전과 동시에 수익을 내기 위한 절차에 돌입했다.

위성사진으로 본 해당 토지 모습이다. 낙찰받은 토지와 가까운 곳에 공장이 들어서 운영되고 있었지만 해당 토지와는 직접적인 관계가 없었다. 공장이 사용하고 있는 땅도 아니었고 그렇다고 농사를 짓고 있는 토지도 아니었다.

주요 등기사항

고유번호 1154-1996-362741

[토지] 경기도 포천시 일동면 사직리 ▮▮▮ 하천 241㎡

1. 소유지분현황 (갑구)

등기명의인	(주민)등록번호	최종지분	주 소	순위번호
서▮▮ (공유자)	470310-*******	3분의 1	서울 중구 ▮▮▮	1
이▮▮ (공유자)	520225-*******	3분의 1	경기도 하▮▮▮ 108-401	1
임▮▮ (공유자)	540815-*******	3분의 1	서울 중랑▮	1

2. 소유지분을 제외한 소유권에 관한 사항 (갑구)

순위번호	등기목적	접수정보	주요등기사항	대상소유자
2	가압류	2012년3월16일 제10428호	청구금액 금400,000,000 원 채권자 주식회사부산저축은행	이▮▮
3	가압류	2012년5월25일 제21220호	청구금액 금300,000,000 원 채권자 파산자주식회사부산2저축은행의파산관재인 예금보험공사	이▮▮
4	압류	2014년5월16일 제13356호	권리자 국	이▮▮
4-1	공매공고	2022년3월17일 제9712호		이▮▮
5	압류	2016년10월10일 제39109호	권리자 하남시	이▮▮
6	압류	2019년8월9일 제28539호	권리자 국	이▮▮

이 물건에 도전한 가장 큰 이유는 등기 확인 결과 3인의 공유자가 일반 매매로 매입한 땅이었기 때문이다. 지목이 하천이고 계획관리지역의 토지인데 친구로 보이는 공유자 세 명이 일반 매매로 매입했으니 분명 이유가 있을 것이라고 판단했다. 저렴하게만 낙찰받으면 남은 공유자 두 명과 협의해서 빠르게 수익을 얻을 수 있는 가능성이 컸다. 이 물건 역시 소유권이전 완료 후 바로 공유물분할청구소송을 진행했다.

소송 진행 후 과정

소송을 제기하자 두 명의 공유자에게 소장이 송달되었다. 특이하게도 두 명의 공유자가 아닌, 지분이 공매로 넘어간 채무자에게서 연락이 왔다. 그를 통해 이 토지에 대한 역사를 들을 수 있었다.

크게 두 가지 이유 때문에 친구들과 함께 매입했다고 한다.

첫 번째는 해당 토지 인근에 공장이 운영되고 있기 때문에 공장을 확장한다면 이 토지가 필요할 것이고, 두 번째는 해당 토지 근처에 골프장이 들어설 예정이어서 개발이 본격화 되면 이 토지의 가치가 더 높아질 것이라는 생각에서였다.

현재 자신의 세금 체납 때문에 발생한 일이라 친구들 보기도 민망하고, 본인이 직접 해결하지 않으면 난감한 상황이라 친구들 대신 연락했다는 것이다.

채무자를 통해 공유자들의 경제 상황 및 이 토지에 대한 애착정도를 알 수 있었다. 그리고 매수할 의사가 있다면 팔겠다는 낙찰자의 의사도 채무자 편에 전했다. 매노 큼백도 그편에 악려 줬다.

감정가보다 매도 가격을 높게 부르는 건 하나의 전략이다. 토지를 매입하고 싶어 하는 모든 공유자들은 조금이라도 싸게 사고 싶어 한다. 이런 심리 때문에 처음에는 약간 높게 매도가를 부른 뒤 서너 번에 걸쳐 가격을 깎아 주는 전략을 많이 취한다. 여기서 중요한 건 정말 받고 싶은 금액에 대한 마지노선을 정해 놓아야 한다는 것이다. 그래야 상대방에게 휩쓸리지 않는다.

최초 희망 매도가는 1천만 원이었지만 700만 원을 마지노선으로 잡고 100만 원씩 3번 정도 깎아주는 전략으로 간다면 상대방 입장에서도 본인이 협상을 잘해서 300만 원이나 깎았다는 생각이 들 것이다. 이런 생각을 들게 만드는 것이 협상을 할 때 정말 중요하다.

낙찰자는 공유자들과 얼굴 한 번 보지 않고 매매 협상을 마무리했다. 1개월에 걸쳐 밀당하느라 9차례 전화 통화한 것이 전부였다. 중간에서 채무자가 공유자들과 중재해 준 덕분에 전화로 최종 협상과 매매결정이 이루어졌다. 낙찰 후 6개월 만에 큰 법적 다툼 없이 수익을 낸 케이스다. 변론기일도 정해지기 전에 협의는 완료되었다.

물론 모든 물건이 이렇게 쉽게 끝나지는 않는다. 하지만 이 물건에서 말하고 싶은 것은 어려운 물건이라고 해서 시도도 안 하면 기회는 없다는 것이다. 그리고 사진과 서류만 꼼꼼하게 살펴도 해법이 보인다. 지분 투자라고 해서 어려울 것도 복잡할 것도 전혀 없다. 소송한다고 해서 변호사나 법무사를 꼭 선임할 필요도 없다. 전자소송을 동해서 5분 내지 10분이면 소송 접수도 할 수 있다. 부동산 투자에는 매우 다양한 방식들이 있다. 토지 지분 경매 투자는 한 번 배워두면 평생 써먹을 수 있다.

매도할 때는 매수자가 지정한 서울시청 뒤편에 있는 법무사에 가서 서류를 전달하는 것으로 모든 게 끝이 났다. 433.9만 원에 낙찰받아서 6개월 만에 700만 원 매도했고, 수익률은 61.33%였다.

[3]
도로를 침범한 공장 펜스

수익률 295.35%

포천에 있는 도로

이 사례는 작은 도로를 낙찰받아서 도로와 인접한 공장에 매도한 케이스다. 공매 물건에 단독입찰해서 성공했다. 수강생의 매도 협상을 돕기 위해 현장에 동행했는데 가서 보니 낙찰받은 땅위로 펜스가 쳐져 있었다.

매도 협상이 어려울 수 있지만, 펜스를 치고 사용하고 있음이 확인되었기 때문에 어떻게 해서든 해결할 수 있는 경우다. 이런 물건을 고르는 안목은 한 번에 생기지 않는다. 끊임없이 물건을 검색하고 책과 강의 등을 통해 다양한 사례들을 공부해야 한다.

매각물건명세서

2022-[REDACTED]		입찰일자 : 2023-10-10 10:00 ~ 2023-10-11 17:00		
집행기관	한국자산관리공사	담당자	서울서부지역본부 / 조세정리팀 / 1588-5321	
소재지	경기도 포천시 가산면 [REDACTED]			지도 지도
유찰횟수	2 회	물건상태	입찰	감정가	2,840,000원
물건용도	도로	입찰방식	일반경쟁(최고가방식)	최저가	(80%)2,272,000원
위임기관		공고일자	2023-07-19	배분종기일	2023-08-21
납부기한		낙찰금액별 구분		종류/방식	압류재산 / 매각
면적(㎡)	도로20㎡				

입찰정보 　입찰이력　 전체

회차	입찰일자	개찰일시	최저입찰가	결과
27	2023-09-04 10:00 ~ 09-06 17:00	2023-09-07 11:00	2,840,000원	유찰
28	2023-09-18 10:00 ~ 09-20 17:00	2023-09-21 11:00	2,556,000원	유찰
29	2023-10-10 10:00 ~ 10-11 17:00	2023-10-12 11:00	2,272,000원	
30	2023-10-23 10:00 ~ 10-25 17:00	2023-10-26 11:00	1,988,000원	
31	2023-11-06 10:00 ~ 11-08 17:00	2023-11-09 11:00	1,704,000원	
32	2023-11-20 10:00 ~ 11-22 17:00	2023-11-23 11:00	1,420,000원	

도로 침범 현장

자신이 입찰하고자 하는 물건과 최대한 비슷한 사례들을 찾아서 낙찰받는다면 어떻게 수익을 만들지 방법을 연구한 다음에 방법이 보이면 도전해야 한다. 소액으로 할 수 있다고 쉽게 생각해서는 안 된다.

이 물건의 킬 포인트는 도로 위에 걸쳐진 펜스다. 사진으로 확인한 뒤 지적도를 보니 공장 입구까지 물려 있는 도로의 지분이 공매로 나왔음을 알 수 있었다.

단독 입찰 이유

237만 원에 단독 입찰로 진행되어 낙찰받았는데 저간에는 복잡한 사정도 있었다. 도로는 다섯 명의 공유자가 있었는데 도로 때문에 소송까지 진행되는 등 평화롭게 해결되지 못해 지분이 공매로 나오게 되었다. 워낙 복잡한 과정들이 있었기 때문에 공유자들이 아무도 입찰하지 않았던 것이다. 공장 측에서는 도로를 원활하게 사용하기 위해 소송도 진행했지만 패소를 해서 썩 좋은 상황이 아니었다.

이러한 지분을 단독으로 입찰해서 낙찰받았고, 공장 측과 매도 협상을 하기 위해 포천까지 오게 되었다. 공장 관계자를 만나 잠시 이야기를 나눴는데, 골치 아픈 소송까지 겪은 터라 가격만 맞으면 지분을 매입하고 싶어 했다.

처음 매도 금액은 시세를 반영해서 조금 더 저렴하게 800만 원을 제시했지만 조금 너 협의해서 최종 700만 원에 매도에 합의했다. 운 좋게도 230만 원대에 낙찰받아서 한 달도 안 돼 700만 원에 매도할 수 있게 된 것이다.

이 수강생은 아파트와 임야, 밭, 도로 등 경매로 총 5건을 진행하고 있는데, 그 중 도로로 사용되고 있는 이 토지뿐만 아니라 안양에 있는 빌라도 1억 1천 800만 원에 낙찰받아 1억 5천 500만 원에 매도를 앞두고 있다. 32세의 코레일 기관사로 근무하면서 틈틈이 경매에 도전하고 있는 분이다. 40세 전에 경제적 자유를 달성하겠다는 목표를 세우고 있다.

경매나 공매가 결코 어려운 부분이 아니다. 수익이 날 수 있는 물건을 파악하는 안목과 실천하려는 의지만 있으면 각자의 속도에 맞춰 반드시 수익을 달성하게 되어 있다.

하지만 급한 마음에 물건 보는 안목을 키우지 않고 무조건 싼 가격에 덤비다 보면 패찰을 거듭하게 되고 물건을 매도하는 해결능력이 없어서 자금이 묶이기 십상이다. 자금이 한 번 묶이면 연쇄적으로 옴짝달싹하지 못하는 경우도 있기 때문에 한 건 한 건 신중을 기해야 한다.

이길 수 있는 입찰가 정하기

시드머니가 많다고 성공하느냐 하면 그렇지도 않다. 아파트 물건에서 패찰한 분이 있었다. 이 건은 적절한 입찰 가격을 잡지 못해 물건을 놓친 케이스다. 협상력도 중요하지만 자금이 많고 해결 과제가 별로 없는 깨끗한 물건이어도 입찰가를 잘못 정하면 패찰한다는 점을 환기시키기 위해 소개한다.

구리시 교문동에 있는 40평대 아파트다. 전용 면적은 40.73평의 토지 건물 일괄이고 지분이 아니다. 감정가는 12억 원에서 2차례 유찰을 거쳐 최저가 49%, 5억8천800만 원까지 떨어진 물건이다.

1994년도에 지어진 구축 아파트이므로 과거 거래내역을 살펴서 입찰가를 잘 선정하면 낙찰 가능성이 큰 물건이다.

2015년도에는 4억5천만 원대에 거래되면서 서서히 오름세

매각물건명세서

의정부지방법원 남양주지원

매각물건명세서

2022타경72120

사 건	2022타경72120 부동산임의경매 2022타경72533(중복)		매각 물건번호	1	작성 일자	2024.02.22	담임법관 (사법보좌관)	▨▨▨
부동산 및 감정평가액 최저매각가격의 표시	별지기재와 같음		최선순위 설정		2015.12.24.근저당권		배당요구종기	2022.08.31

부동산의 점유자와 점유의 권원, 점유할 수 있는 기간, 차임 또는 보증금에 관한 관계인의 진술 및 임차인이 있는 경우 배당요구 여부와 그 일자, 전입신고일자 또는 사업자등록신청일자와 확정일자의 유무와 그 일자

점유자 성 명	점유 부분	정보출처 구 분	점유의 권 원	임대차기간 (점유기간)	보 증 금	차 임	전입신고 일자·외국인 등록(체류지 변경신고)일 자·사업자등 록신청일자	확정일자	배당 요구여부 (배당요구일자)
주식회 사한샘 파이넌 셜대부	전부	등기사항 전부증명 서	주거 전세권자	2021.11.30~20 23.11.29	5,000,000				

<비고>
주식회사한샘파이넌셜대부:전세권자로서 전세권설정등기일은 2021.11.30.임

※ 최선순위 설정일자보다 대항요건을 먼저 갖춘 주택·상가건물 임차인의 임차보증금은 매수인에게 인수되는 경우가 발생 할수 있고, 대항력과 우선변제권이 있는 주택·상가건물 임차인이 배당요구를 하였으나 보증금 전액에 관하여 배당을 받지 아니한경우에는 배당받지 못한 잔액이 매수인에게 인수되게 됨을 주의하시기 바랍니다.

등기된 부동산에 관한 권리 또는 가처분으로 매각으로 그 효력이 소멸되지 아니하는 것

매각에 따라 설정된 것으로 보는 지상권의 개요

비고란

주1 : 매각목적물에서 제외되는 미등기건물 등이 있을 경우에는 그 취지를 명확히 기재한다.
　2 : 매각으로 소멸되는 가등기담보권, 가압류, 전세권의 등기일자가 최선순위 저당권등기일자보다 빠른 경우에는 그 등기일자를기재한다.

를 보이다가 2020년도에는 9억 원대까지 껑충 뛰어오른다. 주변에 초등학교와 중학교 등 반경 1km 내에 학교들이 포진해있고, 별내선 공사 중이다. 역이 생기면 매우 가까운 위치다. 학세권과 역세권이 더블로 형성되어 있어서 낙찰받으면 수익이 클 것은 누가 봐도 예상된다. 그렇다면 입찰자가 많아질 것

실거래 내역

● 실거래내역

| 매매 ▼ | 134.64 ▼ | 총건수 : 48 건 | 최저가 : 29,000 만원 | 평균가 : 49,490 만원 | | 최고가 : 95,000 만원 | | 건축년도 | 1994 |

번호	명칭	분기	거래기간	전용면적(㎡)	층	거래금액(단위:만원)
48	교문(동양고속)	2024년 2분기	2024.4.11 ~ 2024.4.21	134.64	19	95,000
47	교문(동양고속)	2020년 4분기	2020.12.01 ~ 2020.12.10	134.64	17	93,000
46	교문(동양고속)	2020년 4분기	2020.12.01 ~ 2020.12.10	134.64	16	91,000
45	교문(동양고속)	2017년 2분기	2017.5.21 ~ 2017.5.31	134.64	15	51,900
44	교문(동양고속)	2017년 2분기	2017.4.01 ~ 2017.4.10	134.64	19	48,000
43	교문(동양고속)	2017년 1분기	2017.3.01 ~ 2017.3.10	134.64	1	50,000
42	교문(동양고속)	2016년 4분기	2016.10.01 ~ 2016.10.10	134.64	11	48,800
41	교문(동양고속)	2015년 4분기	2015.12.11 ~ 2015.12.21	134.64	1	44,800
40	교문(동양고속)	2015년 4분기	2015.10.21 ~ 2015.10.31	134.64	14	47,000
39	교문(동양고속)	2015년 3분기	2015.7.21 ~ 2015.7.31	134.64	16	50,000
38	교문(동양고속)	2015년 3분기	2015.7.11 ~ 2015.7.21	134.64	7	45,500

이고, 높은 입찰가를 써야 낙찰 확률이 높아짐을 예측해 볼 수 있다.

가장 최근 매매가 이뤄진 2023년도 3월에는 9억3천만 원에 거래가 성사되었다. 현재 거래가는 9억9천만 원 정도에 매물이 나와 있다. 경매를 하는 이유는 시세보다 저렴하게 사서 빠르게 판 뒤 수익을 보고 돈을 불려나가기 위해서임을 잊으면 안 된다. 경매로 저렴하게 자기가 살 집을 마련하려고 할 때에도 마찬가지다. 시세보다 저렴하게 낙찰받는 것이 경매의 1차 목표다.

이 물건을 경남 진주에 사는 수강생이 입찰에 참여하고 싶다면서 도와달라고 해서 살펴보게 되었다. 이 물건은 별내선 장자공원역이 24년 6월 개통 예정이고, 토평 2지구 개발계획 발표로 인한 호재가 있지만 최근 부동산 침체기를 겪으면서 고가 12억 원 대비 3억 원 가량 하락된 상황이다. 수강생이 생각하는 입찰가는 6억 원이었다. 최저입찰가가 5억 8천 800만 원인 것에만 중점을 두면 이렇게 생각하기 쉽다. 치열한 경쟁이 예상되면, 자신이 얻을 수익을 먼저 정하고 역산해서 입찰가를 정하면 승산이 높아진다.

수익 역산의 과정은 이렇다. 현재 이 아파트 시세는 2층 매물이 10억 원에 나와 있다. 만약 거래가 이뤄진다면 10억 원 이하가 될 것을 예상해 본다. 그리고 나는 경매에서 최소 1억 원의 수익을 보고 싶다. 그렇다면 살 때는 8억 원, 팔 때는 9억 원이라는 구간을 정해볼 수 있다. 경매 물건의 최저입찰가는 5억 8천 800만 원으로 정해졌지만 8억 원에 낙찰받으면 내가 목표한 수익을 낼 수 있다. 5% 범위 내외에서 미세하게 조정해서 입찰에 응하면 승산이 있다.

최대한 싸게 낙찰받아 비싸게 판다는 것은 거대한 원칙이지 실전에서 자꾸 적용시키면 필패다. 수강생이 '용쌤이라면 얼마에 입찰가를 쓰시겠냐'고 묻길래 '저라면 8억 원 이상 써야 승산 있다고 봅니다'라고 답했다. 결과는 수강생의 패찰. 21명이 입찰해서 8억1천220만 원 가량을 쓴 사람에게 돌아갔다. 내가 신기가 있어서 8억 원 이상 입찰가를 넣어야 한다고 한 게 아니다. 부동산 경기가 좋지 않았던 2023년 3월 최종 매매 성사 가격은 9억3천만 원이다. 부동산 중개업소 두 군데에 문의해 봤더니 실제 매도 호가와 실거래 가능 금액은 9억5천만 원 정도로 추정되었다. 실제 9억9천만 원에 매물이 나와 있지만 거래 되지 않으니 이 아파트를 낙찰받아서 9억5천만 원 이하로 내놓으면 매매될 가능성이 커진다. 그런데 이 물건은 대형평형에 속해 매수자를 찾기가 쉽지 않다. 매우 보수적으로 가격을 산정해야 하는 것이다.

이를 종합해서 정한 입찰가가 8억 원 이상이었다. 이 물건 같은 경우에는 감정은 좀 높게 돼 있고 또 49%까지 떨어진 터라 입찰에 참여하는 사람이 훨씬 많아진다. 몇년동안 수차례 유찰된 물건이기 때문에 입찰자가 적을 것이라는 예상도 하면 안 된다. 1천만 원, 2천만 원 벌기 위해 경매 시장에 뛰어드는 사람이 점점 많아지고 있다. 학세권 역세권은 경매보다 급매가 더 저렴한 경우도 부지기수다.

입찰가를 선정할 때는 시세조사, 과거 추이 반영, 앞으로 매매될 가격 예측 등을 다 고려하고, 맨 마지막으로 적절한 수익을 목표로 해야 한다.

아파트 한 채, 땅 한 평으로 팔자 펴려고 하면 기회가 오지 않는다. 꾸준히 모의입찰이나 입찰 복기를 통해 적정 수익과 입찰가, 매도 기술에 대해 공부해 나가야 수익을 높일 수 있다.

앞서 소개한 237만 원에 낙찰받아 700만 원에 매도한 토지 지분 같은 경우에 한 달 정노밖에 안 걸렸기 때문에 개인적인 생각으로는 500만 원에 매도한다 해도 손해가 아니다. 상대방이 더 깎아달라고 해도 예상 수익률 내에 있다면 매수할 사람이 있을 때 매도해야 한다.

경·공매에서 수익은 팔아야 생기는 것이지 마음속에 간직한다고 생기는 게 아님을 명심하기 바란다.

[4]
구도심 주택가 막다른 골목

수익률 218.75%

31평 도로 혹은 골목길

광주광역시 농성동에 있는 도로 104.5m², 감정평가 금액은 3천만 원이 조금 넘은 물건이 6회 유찰 끝에 1천500만 원이 조금 넘는 금액에 최저입찰가가 정해져 있었다. 이용현황을 보니 도로로 이용중인 토지였다. 공매 물건이었고, 입찰 전 주의사항을 읽어보니 등기된 권리 또는 가처분으로서 매각으로 효력을 잃지 아니하는 것, 공매 재산의 매수인으로서 일정한 자격을 필요로 하는 경우 등이 없어 낙찰받아도 낙찰자에게 인수되는 권리는 없는 물건이었다.

매각 물건 정보

▶ 온비드 바로가기	API수집-바로가기버튼		
2018-02436-001		입찰일자 : 2019-01-14 10:00 ~ 2019-01-16 17:00	
집행기관	한국자산관리공사	담당자	광주전남지역본부 / 조세정리팀 / 1588-5321
소재지	광주광역시 서구 농성동 ▓▓▓ ▓		🅓 지도 🅓 지도
유찰횟수	6 회	물건상태	낙찰	감정가	30,932,000원
물건용도	도로	입찰방식	일반경쟁(최고가방식)	최저가	(50%)15,466,000원
취임기관		공고일자	2018-07-25	배분종기일	2018-09-17
납부기한		낙찰금액별 수납		종류/방식	압류재산 / 매각
면적(㎡)	도로104.5㎡				

낙찰정보

집행완료일시	입찰자수	입찰금액	결과	낙찰금액
2019-01-17 11:04	유효 1명 / 무효 0명	16,790,000원	낙찰	16,790,000원

낙찰받은 도로

위 사진에 보이는 도로다. 이런 도로를 도대체 왜 낙찰받은 건지 이해하지 못하는 분들이 다수 있다. 주변을 보면 매우 낙후되어 있고, 도로 주변은 오래된 주택들이 둘러싸고 있다. 사실상 공용 도로로 이용되고 있어서 초보 투자자들은 가치를 발견하기 어려운 토지다. 자기 소유가 되어도 주변 집들로부터 지료, 부당이익금 청구 등은 어렵다. 수십 년 동안 아무 불편함 없이 자기 집으로 드나들었던 도로인데 주인이 바뀌었다고 해서 통행료를 내라고 하면 내겠는가. 거의 불가능하다.

구도심 노후 주택가는 단기보다 장기 투자용

그럼에도 왜 투자했느냐면 장기 투자 가치가 있는 땅이기 때문이다. 땅은 묵히면 가치가 떨어지는 게 아니라 상승한다. 그리고 아파트나 주택에 비해 상승률이 더딘 편이다. 최소 몇년 이상 투자해야 수익을 낼 수 있는 땅들이 상당히 많다. 땅에 투자한 비율로 치면 장기 투자가 80% 정도 되고 단기 투자가 20% 정도 된다. 장기 투자에 전체를 묶어두면 투자자금을 덩어리로 불려나가기 어렵기 때문에 투자 초반에는 단기 투자를 굉

장히 많이 했는데 현재로서는 장기 투자 물건이 더 많은 비중을 차지하고 있다. 어느 정도 투자 자금이 모이면 한쪽은 묶어두고 한쪽은 굴리는 식으로 분산 투자하고 있다.

이 땅을 장기 투자로 묶은 것은 낙후도가 심해진 대도시 중심가이기 때문이다. 개발된다던 도로도 포함해서 같이 개발할 수밖에 없다. 도로 주변은 1~2층짜리 단독주택이나 높지 않은 빌라 등 낙후된 주택들이 밀집되어 있고, 광주광역시 1호선 지하철 용성역이 300미터 거리에 있다. 주변 입지도 중고등학교와 초등학교들이 다수 둘러싸고 있으며 대단지 아파트 근처다. 개발되면 역세권과 학세권 더블 효과를 누릴 곳이다.

부동산플래닛으로 검색하면 색깔별로 노후도를 보여주는데, 이 지역은 모두 30년 이상으로 붉게 표시된다. 광주 역세권 구도심 낡은 주택가라면 언제든지 소규모 재개발이나 가로주택정비구역으로 지정될 여지가 충분하다.

2019년에 수강생들과 공동으로 낙찰받았기 때문에 비교적 소액 투자에 해당했고, 갖고 있으면 분명 수익이 클 땅이었다. 그런데 어느 날 한 통의 편지를 받았다.

'안녕하세요. 저는 광주광역시에 살고 있는 누구누구라고 합니다. 다름 아니라 저희 집으로 들어가는 골목길이 지금까지 국가나 지방자치단체 소유 도로인 줄 알고 살았는데 얼마 전에야 골목길이 여러분의 소유로 되어 있다는 걸 알게 되어 깜짝 놀랐습니다. 내 집으로 들어가는데 남의 땅을 밟고 지나다니는 게 기분이 좋지 않았습니다. 우리 부부는 오랜 의논 끝에 귀하가 소유하신 지분을 매입하기로 하였습니다. 얼마에 낙찰받았는지는 모르나 이것을 사용하는 주민에게 돌려준다는 마음으로 손해나지 않은 범위에서 선처해 주십사 부탁드립니다.'

낙찰받은 토지가 끝나는 지점 맨 끝집에 사는 분이 편지로 매입 의사를 밝혀왔다. 나와 우리 수강생들이 장기 보유로 선택한 토지지만 이분이 이 도로를 사는 게 가장 베스트이긴 하다.

당장 팔지 않고 개발될 때까지 갖고 있으면 더 큰 수익을 얻을 수 있지만, 언제 개발될지 모른다는 단점도 물론 안고 있다. 공동 투자를 했기에 시간이 흐르면 돈이 필요한 분들이 생길지도 모른다. 한 가지 덧붙이자면 공동 투자일수록 수익 내는 시간을 단축시키는 게 좋다. 각자 예기치 못한 사정이 생기기 때문에 처음 계획이 끝까지 가기는 어렵다. 자금 여유가 있는 사람이 공유자 지분을 사서 개발 수익을 얻을 때까지 갖고 가면

T자형 도로 지도

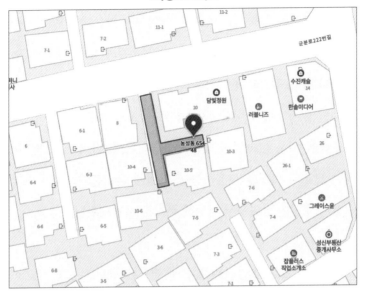

좋지만 만약 20대 친구들끼리 공동 투자를 한다고 치면 빠른 수익을 내고 다른 물건을 다시 공동 투자하는 쪽으로 속도를 올리는 게 더 나을 수 있다.

더욱 간절한 사람에게 매도

우리는 고민 끝에 도로를 팔기로 하고 가격 협상에 나섰다.

5천만 원이면 매도할 의사가 있음을 밝히며, 맨 끝집에서 이 도로를 매입할 때 얻을 수 있는 이익에 대해서도 함께 설명했다. 비싼 물건을 싸게 사고 싶은 것은 모두의 마음이 다 똑같다. 몇 번의 협의 끝에 통 크게 깎아드리고 3천500만 원에 매매 계약을 맺었다.

2021년 7월 27일 잔금을 받고 들어와서 완전히 매도하면서 2배 조금 넘는 수익을 내고 처분하게 되었다. 그렇게 처분하기 아까운 땅이지만 그 옆 도로를 낙찰받아둔 게 있기 때문에 장기 보유할 물건은 하나 더 남아 있다. 하나는 미리 좀 팔고 수익을 얻고, 그 돈으로 다른 물건에 투자하고 또 다른 하나는 계속 기다리면서 장기 투자에 들어갈 예정이다.

집들로 둘러싸인 시골 텃밭

수익률 185.56%

정선에 있는 10평 토지

건설사에서 세금을 내지 않아서 경매에 나온 땅이다. 등기부 등본을 살펴보면 전 소유자는 ○○건설사로 되어 있다. 로드뷰를 확인하니 경매에 나온 토지 앞으로 139세대 아파트가 보인다. 정선읍에 아파트를 지을 때 건설사에서 같이 개발될 것을 예상하고 사들인 땅으로 추측된다.

감정가는 407만 원 정도이고, 한차례 유찰되어 최저 입찰가가 203만 원 정도에 정해져 있었다. 245만 원에 수강생 1명과 함께 낙찰을 받았다. 수강생이 수익화 경험을 하기에는 좋은 소

매각 물건 정보

	2018-05776-001		입찰일자 : 2018-12-10 10:00 ~ 2018-12-12 17:00		
집행기관	한국자산관리공사	담당자	강원지역본부 / 조세정리팀 / 1588-5321		
소재지	강원도 정선군 정선읍 북실리 ▨▨▨				지도 지도
유찰횟수	5 회	물건상태	낙찰	감정가	4,071,300원
물건용도	전	입찰방식	일반경쟁(최고가방식)	최저가	(50%)2,036,000원
위임기관		공고일자	2018-09-05	배분종기일	2018-10-22
납부기한		낙찰금액별 구분		종류/방식	압류재산 / 매각
면적(㎡)	전33.1 ㎡				

낙찰정보

집행완료일시	입찰자수	입찰금액	결과	낙찰금액
2018-12-13 11:18	유효 3명 / 무효 0명	2,454,000원 / 2,141,190원 / 2,049,000원	낙찰	2,454,000원

재였다. 지분 물건이 아니고 단독 물건이어서 매도할 수 있는 여건이 되는지 알아보고 협의하는 과정들이 상당한 공부가 될 수 있기 때문이다.

소액의 작은 토지로 수익을 추구하려면 중간 과정에 드는 비용을 최소화하는 것이 좋다. 그리고 시간을 길게 끌지 않고 자금을 회수하는 게 최선이다. 대도시 주변이어서 개발을 기대할 조건도 아니고, 연고가 있어서 귀농할 것도 아니라면 자금을 오래 묶어둘 이유가 없는 경우에 해당한다.

사진을 보면 토지 앞에 바로 집이 붙어 있고, 동그라미로 표시된 이 집에 거주하는 사람이 텃밭으로 사용하고 있는 땅이다.

수익 실현에서 가장 중요한 질문은 '이 땅은 누구에게 필요할까'다. 현장 사진에서 보이는 동그라미로 표시된 집에 살고 있는 분에게 가장 필요한 땅이다. 텃밭으로 사용하는 사람이 필요 없다고 하면 양옆에 있는 주택 소유주와 협의를 할 수도 있어서 탈출구가 없는 땅이 아니다. 10평의 직사각형 보낭의 땅을 들러싸고 있는 3주택 어디에 포함되어도 상관없는 땅이다. 소액에

땅을 둘러싼 3주택

모양 예쁜 작은 땅이 공매에 나와 있어서 시세보다 많이 저렴하게 살 수 있다면 입찰해도 된다고 판단했다.

그래서 처음 입찰할 때부터 둘러싸고 있는 3주택의 집주인과 협의를 해야겠다는 생각으로 입찰에 들어갔다. 사진에서 보다시피 이 땅은 막혀 있다. 사방이 다 막혀 있어서 유찰되었을 가능성도 있다. 하지만 경매나 공매의 장점이 뭔가. 싸게 사면 팔수 있는 방법이 생긴다는 것이다.

텃밭 사용자에게 부당이득청구소송

낙찰받은 뒤에도 이 땅은 한동안 텃밭으로 사용되었다. 자기 땅도 아닌데 자기 땅처럼 사용하고 있음을 알려줄 필요가 있었다. 우선 내 땅을 무상으로 사용하고 있으니 그동안 사용한 금액에 대한 '부당이득청구소송'을 접수했다. 텃밭 사용료를 받기 위해서가 아니라 연락을 취할 하나의 방편이다. 연락을 취하기 위해 소송만큼 빠른 방법은 없다. 만약 집에 살고 있는 분이 주택소유주가 아니고 임차인이면 땅에 대한 협의가 어려울 수 있다. 땅주인이나 주택 소유주와 직접 연락하기 위해서는 소송을 제기하는 것이 가장 빠른 방법이다.

소장 접수 3주 정도 지나서 주택 소유주로부터 연락이 왔다. 토지가 붙어 있는 주택은 할머니 한 분이 거주하고, 소유주는 아들이었다. 얘기를 나눠보니 해당 토지는 할머니께서 텃밭으로 사용하고 계셨다. 아들한테 '할머니께서 모르고 계속 사용하고 계신 듯' 하니 참에 해결을 하시는 게 좋겠다고 말씀드렸다. 제가 여차저차 해서 이 텃밭을 소유하게 되었는데 할머니가 지금 사용하고 계셔서 앞으로 땅을 사용하지 않는다 해도 그동안 사용한 대가는 주셔야 한다, 등등 자세하게 설명을 드렸다. 더

부당이득청구소장

부당이득금 청구의 소

청 구 취 지

1. 피고는

가. 원고(선정당사자)에게 520,000원 및 이에 대하여 소장 부본 송달 다음 날부터 다 갚는 날까지 연 12%의 각 비율로 계산한 돈과 2023. 4. 17.부터 별지 목록1 기재 부동산에 대한 원고(선정당사자) 및 선정자의 소유권 상실일 또는 피고의 사용 종료일까지 월 10,000원의 비율로 계산한 돈을 지급하고,

나. 선정자 ██████에게 4,680,000원 및 이에 대하여 소장 부본 송달 다음 날부터 다 갚는 날까지 연 12%의 각 비율로 계산한 돈과 2023. 4. 17.부터 별지 목록1 기재 부동산에 대한 원고(선정당사자) 및 선정자의 소유권 상실일 또는 피고의 사용 종료일까지 월 90,000원의 비율로 계산한 돈을 지급하라.

2. 소송비용은 피고가 부담한다.

3. 제1항은 가집행할 수 있다. 라는 재판을 구합니다.

불어 텃밭을 매입한다면 시세보다 저렴하게 드리겠다고 말씀드렸다.

주택 소유주 입장에서는 나중에 팔 때 텃밭까지 있는 상태에서 팔면 수익이 더 크다. 오히려 싸게 매입할 기회가 생긴 것이 더 좋을 수도 있다. 상대방 측에서 이 부분을 납득하자 협의가 빠르게 진행되었다.

시세는 평당 60~70만 원 정도로 형성이 되어 있지만 지금은 그 가격에도 잘 안 팔린다고 해서 평당 50만 원을 제안했다. 10평에 500만 원에 매도하겠다고 하니 400만 원이면 사겠다는

의사를 비쳤다. 그래서 길게 끌고 갈 것도 없이 둘 다 양보해서
450만 원에 거래하기로 협의했다.

242.5만 원 낙찰 후에 450만 원에 매도

10평 토지를 242.5만 원에 낙찰받아 3주만에 빠르게 450만 원
에 매도한 케이스다. 부동산 거래에서 소액으로 안전하고 빠르
고 확실하게 수익을 얻는 방법은 소형 토지 경매나 공매가 단연
으뜸이다. 처음부터 싸게 사기 때문에 손해 볼 일이 극히 드물다.

물론 경매나 공매를 하다 보면 정말 이상한 땅을 만날 때도
있다. 이상한 땅이라 해도 누구에게 필요한지 예측이 가능하다
면 그 땅은 입찰해도 좋은 땅이다. 아무리 모양이 예쁘고 가격이
저렴해도 쓸모없는 땅이라면 낙찰받을 필요가 없지만 말이다.

가치 있는 땅, 누군가에게 꼭 필요할 땅을 낙찰받은 후에 이
해관계인들과 협의가 진행되면 반드시 팔릴 수밖에 없다. 그러
려면 물건 보는 안목을 키워야 하고, 안목을 키우는 방법은 한
가지 밖에 없다. 공부하고, 책 읽고, 강의 듣고, 유튜브노 보고,
사례 분석도 하면서 실력을 쌓아 가야 한다.

[6]
소액 투자에서 생기는 일들

　부동산 마스터 과정을 여러 포맷으로 개설하면서 수많은 수
강생들을 만났다. 호기심으로, 투잡으로, 본격 전업으로 각각
목적이 다른 이들이 강의를 듣고 실천하기 위해 떠나갔다. 그중
에는 돈을 번 사람도 있을 테고, 지금 소개하는 이야기의 주인
공 박 선생처럼 제2의 인생으로 탈바꿈한 분도 있다. 박 선생은
1년 이상 보유하는 지분 투자 물건이 거의 없을 정도로 적극적
으로 토지 지분 경매에 임하고 있다. 독자들에게 소개하기 위해
기억에 남는 사례 몇 건을 추천해 달라고 했더니 다음과 같은
이야기를 들려줬다. 사실 금액보다는 이런 상대방을 만났을 때
어떻게 해야 할지 알아두면 좋겠다는 차원에서 수록한다.

박 선생이 직접 작성한 매매 실적표

매 매 실 적 표

번호	구분	물건	지역	규격(m2)	전체(m2)	방식	사건번호	입찰				매도				수익률		경과일수	비고
								감정가	최저가	일자	낙찰가	과정	일자	금액	지역	기간	%		
1	공매	전	경북,영양군	296.25	1,185	공유물	2020-08242-001	4,600,000	2,760,000	22.06/20	3,111,000	소송중	22.10/25	5,300,000	2,189,000	70.36%	702.23%	127	단독
2	공매	하천	경기, 포천	80.33	241	공유물	2021-13712-004	7,229,700	4,338,000	21.06/20	4,339,000	소송중	22.12/19	7,000,000	2,661,000	61.33%	122.95%	182	단독
3	공매	임야	충북, 음성	1,595.221	23,008	공유물	2022-04596-001	6,859,450	3,087,000	23.01/09	3,087,000	등기후	23.01/30	5,650,000	2,563,000	83.03%	177.47%	22	단독
4	공매	임야	충남, 당진	310	769	공유물	2021-12988-002	6,680,000	1,310,000	22.07/25	5,219,000	소송중	23.03/10	10,000,000	4,781,000	91.61%	146.53%	228	단독
5	공매	대지	용인, 양지	13.7195	75	공유물	2022-08499-001	6,310,970	1,787,000	22.12/19	4,219,900	소송중	23.03/16	6,000,000	1,780,100	42.19%	101.70%	87	단독
6	공매	임야	인천, 강화	617	4,584	공유물	2022-06617-001	9,872,000	4,936,000	22.11/14	5,111,000	소송중	23.05/03	12,000,000	6,889,000	134.79%	289.46%	170	단독
7	공매	임야	충남, 당진	265.36	5,820	공유물	2021-13982-001	15,921,600	14,330,000	23.06/26	14,470,000	소송중	23.11/01	20,000,000	5,530,000	38.22%	108.90%	128	공투
8	공매	임야	충남, 당진	548	1,304	공유물	2022-08457-001	25,756,000	12,878,000	23.06/26	13,111,000	소송중	23.11/01	25,000,000	11,889,000	90.68%	258.50%	128	공투
9	공매	대지	충남, 당진	46	92	공유물	2022-06735-005	40,895,000	16,359,000	23.02/06	18,099,100	일반매매	24.01/05	30,000,000	9,445,300	65.75%	123.1%	333	단독
10		전		88.5	177														
11		전		13	13	단독	2022-06735-003	3,926,000	1,963,000	23.02/13	2,455,600								
12	공매	임야	전남, 해남	2.45.586	22,120	단독	2021-10793-003	10,604,110	6,111,900	23.4/3	6,111,000	소송중	24.02/23	18,608,451	4,497,451	73.60%	91.06%	295	단독
13	공매	도로	경기, 양평	28.5	57	단독	2023-10929-003	7,752,000	4,652,000	24.3/12	4,666,900	등기전	24.03/31	6,000,000	1,333,100	28.57%	548.73%	19	단독

19일 만에 수익을 낸 양평 도로

2인이 공유하고 있는 57m² 토지 지분 절반이 공매에 나왔다. 해당 물건은 전원주택 앞에 있는 공터였다. 사진자료를 확인했을 때에는 전원주택 앞에 위치한 T자 모양의 오른쪽 부분에 해당되는 토지였다. 오른쪽으로 꺾어지는 땅 앞에 정면으로 전원주택이 있어서 도로로 쓸 땅임을 유추해 볼 수 있었다.

T자의 반대편인 왼쪽 토지가 도로로 이미 계획을 세워둔 것도 확인이 되었다. 지적도 상에는 도로가 아니지만 공터 2개가 있는 것으로 보아 이 토지는 전원주택 소유자에게 꼭 필요한 땅

임을 알 수 있다. 공매에 나온 토지의 공유자는 1명으로 공매의 핵심인 '싸게 사서 되팔 수 있는 물건'임을 한눈에 알아볼 수 있는 토지다.

박 선생은 이 지역 도로를 세 번 입찰해서 세 번 연거푸 실패하고 네 번째에 도전하고 있었다. 이 물건은 전원주택 단지 안의 토지이고 공유자가 두 명인 것이 특이점이었다. 전원주택개발 이전이라면 공유자가 더 많았을 텐데 공유자가 두 명인 것으로 보아 전원주택을 짓기 위해 땅을 샀고, 짓다가 보니 도로 연장의 필요성이 생겼음을 어렵지 않게 추측할 수 있다.

해당 지분은 양평군과 국가에 압류가 잡혀 있었다. 두 명의 공유자 가운데 한 명이 세금 등의 이유로 지분을 압류당한 것이다. 공유자는 가족이나 혈연이 아닌 순전히 그 땅이 필요한 같은 동네 사람이었다. 465만 원에 최저입찰가가 정해져 있었는데 최저가보다 조금 더 쓴 466만 원에 낙찰받았다.

낙찰받자마자 당일로 공유자에게 내용증명부터 발송했다. 지분을 낙찰받은 당사자인데 이 토지가 필요하다면 연락을 달라는 내용이었고 잔금을 내지 않고 기다렸다. 공매에서 잔금 납부 기일은 약 한 달 정도이다. 그 안에 땅이 필요한 공유자로부터 연락이 올 수 있으니 기다려 보는 것이다. 하지만 답은 없었고, 잔금을 납부한 다음 등기 신청을 넣었다. 지분 등기를 마친 다음 공유물분할청구소송을 하려는 것이었다. 그런데 등기 신청한 이틀 뒤 공유자로부터 연락이 왔다. 등기도 완료되지 않았고 공유물분할청구소송도 하기 전이었다.

"잔금을 치르셨습니까?"

"네, 연락이 없으시기에 잔금을 치르고 등기 신청까지 했습니다. 필요한 분이 있으면 팔아야지요."

"얼마에 파실 예정이십니까?"

"감정가가 775만 원 정도니 750만 원 정도 예상합니다."

그랬더니 빨리 만나자고 해서 750만 원에 팔 수 있겠구나 하는 생각이 들었다. 당장 박 선생이 있는 곳으로 부자父子가 달려왔다. 아들은 공유물분할청구소송이 되어 다시 경매에 올라오면 낙찰을 받자는 주장을 계속 하고 있었고, 아버지는 그렇게까지는 하지 말고 이분한테 가격을 맞춰 사자는 쪽이었다. 지분을 낙찰받은 사람 앞에서 공유자 부자지간이 싸우는 것이다. 그러다 결국은 아들이 아버지 마음대로 하라면서 불편한 기색을 내비쳤다. 보다 못한 박 선생이 나섰다.

"아드님, 얼마를 예상하세요?"

600만 원이면 살 의향이 있다고 하니, 처음 예상한 금액은 아니었다. 부자가 함께 와서 언성을 높이는 것이 어쩌면 작전이었을지도 모르지만 알면서도 속는 경우도 있는 법이다. 중요한 것은 수익을 보고 물건을 처리할 기회가 생겼다는 것이다. 골치 아픈 단계까지 가지 않고 비교적 빠른 시간 내에 해결할 수 있다면 그 또한 받고 싶은 금액 못지않게 수익을 챙기는 일이다.

사연인즉슨 전원주택은 엄마 명의로 된 집이고 그 앞에 도로를 내기 위해 도로용 토지를 동네 사람과 같이 사면서 아들 명의로 한 것이었다. 동네 사람의 지분이 공매로 나온 것을 금번에 거래하기에 이른 것이다. 600만 원에 거래가 성사되면서 박 선생은 133만 원 정도 수익을 남겼고, 공유자는 175만 원 정도 저렴하게 온전한 자기 소유의 도로용 토지를 가지게 되었다. 28% 정도 수익을 거둔 것이어서 큰 차익이 난 것은 아니지만 전화 한두 통과 한 번의 만남으로 19일 만에 성사된 거래여서 꽤 성과가 좋은 케이스였다.

6천700평 해남 임야를 611만 원에 낙찰받다

매우 큰 땅이다. 전남 해남에 있는 전체 크기 7만4천 평 가량 되는 산이다. 그 가운데 약 9%에 해당하는 지분이 경매에 나왔다. 공유자는 대략 열두어 명 될 것이라는 예상이 들었다. 100만 원의 차익만 생겨도 된다는 마음으로 입찰했는데 이후 는 매우 어려운 과정이 이어졌다.

경매는 낙찰받는 것도 어렵지만 지분일 경우 되팔아 차익을 챙기는 것이 더 어렵다. 공유자가 열 명이 넘는다 해도 땅의 크기에 비례하면 공유자가 많다고 할 수는 없는 땅이다. 해당 지분의 감정가는 1천만 원 남짓이었다. 611만 원에 낙찰을 받아서 즉시 공유자들에게 내용증명을 보냈다. 공유자는 예상보다 적어서 세 명이었는데, 그중 두 사람은 부부였다.

이들을 상대로 3차 변론까지 갈 정도로 치열한 법정공방을 벌이기까지 했는데 결론을 미리 말하면 감정가대로 받아서 차익을 400만 원 가량 챙기게 되었다.

처음 내용증명을 보냈을 때 답이 없었고, 두 번째도 없었다. 잔금을 치르고 등기부등본을 받은 뒤 우편을 한 번 더 보냈을 때까지도 답이 없었다. 처음 예상과 달리 필요 없는 땅이었나 싶어서 공유물분할청구소송에 돌입했다.

첫 번째 변론 기일이 잡혀 박 선생은 서울에서 해남까지 내려가야 했다. 법원에 가니 젊은 변호사 1인이 참석해 있었고, 얼마에 팔 의향이 있는지 물어왔다. 가격이 맞으면 적당한 선에서 넘겨드릴 생각이 있다라고 답하는 정도에서 첫 번째 변론은 끝이 났다. 변론을 마치고 나니 상대 변호사가 따라 나오면서 얼마까지 해줄 수 있는지 물어왔다. 그 말인즉슨 살 의향은 있다는 뜻이다.

사연을 들어보니 공유자들은 이 산을 절대 타인에게 넘길 수 없겠다 싶기도 했다. 공유자인 노부부는 서초동에 있는 건물을 팔아서 많은 돈을 지니게 되었고, 그 돈으로 이 임야를 샀다. 비싸게 산 것으로 보아 어떤 속임수에 속아 넘어간 것일 수도 있겠지만, 자신들이 비싸게 산 임야를 싼 가격에 경매에 넘어가는 꼴은 볼 수가 없었을 것이다. 변호사가 끝까지 변론한 내용도 가액배상을 해서라도 공유자들은 이 땅을 사고 싶다는 것이었다.

두 번째 변론 기일에는 젊은 남녀 변호사 두 명이 참석했다. 역시 공유자 측에서는 가액배상할 테니 땅을 팔라고 했고, 그에 대한 당위성을 계속 주장했다. 심지어는 낙찰받은 박 선생을 경매꾼이라고 폄훼하면서 회유 혹은 종용하는 듯한 발언을 계속했다. 박 선생은 법을 공부한 변호사가 법정에서 꾼이라는 표현으로 타인을 모욕하는 것은 옳지 않다고 항의했고 사과를 받는 차원에서 두 번째 변론도 성과 없이 끝나고 말았다. 3차 변론 기일을 잡으면서 판사가 '피고가 그 땅을 꼭 사야 되는 이유, 원고가 현물 분할을 하지 않는 이유'를 다음 변론 기일에 묻겠다고 했다.

3차 변론 기일에는 상대측 변호사가 무려 네 명이나 등장했다. 해당 지분을 어떻게든 가지려는 피고(노부부) 입장과 현물 분할 대신 팔고 싶은 원고(박 선생) 입장을 마지막으로 피력한 다음 판사의 판결을 기다렸다.

결국 가액배상 판결이 났지만 그 금액이 기대에 못 미쳐도 너무 못 미쳤다. 박 선생은 상대측 변호사가 전화를 해서는 판결이 내려진 대로 송금할 테니 계좌번호를 알려달라고 했지만 '항소할 테니 신경 쓰지 마시라'고 한 뒤 전화를 끊었다.

항소는 7일 이내에 해야 하는데 박 선생은 다른 물건을 진행하면서 날짜를 혼동하는 바람에 항소 기한을 놓치고 말았다. 3차 변론까지 가고 경매꾼 소리까지 들었는데 감정가에 준하는 가액배상판결이라니! 항소 기한을 놓치는 사이 상대측은 공탁을 걸어두었고, 해당 물건은 1천만 원 가액배상에서 마무리되고 말았다. 항소를 했으면 좀 더 수익을 낼 수 있었는데 항소 기한을 놓친 것이 못내 아쉬운 사례다.

공탁금이 걸리면 상대측에서 공탁번호를 알려주거나 법원에서 친절하게 안내해 주지 않는다. 지방법원에 주민등록번호를 넣고 조회하면 공탁이 뜬다. 인터넷으로 환급받을 수 있다.

300만 원에 낙찰받은 임야 22일만에 되팔아

거의 7천여 평의 임야 가운데 480여 평이 지분으로 공매에 나왔다. 등기부등본을 살펴보니 공유자가 많았고, 성이 같은 사람이 대부분이어서 선산을 물려받은 상속인 가운데 한 사람의 지분임을 알 수 있었다. 이런 땅에는 주민등록번호가 없는 사람, 사망자, 외국으로 간 사람 등 다양한 경우가 공유자 명단에 올라 있다. 박 선생은 외국 거주자들도 주소보정을 통해 다 찾을 수 있다는 것을 공매 마스터과정에서 배운 터라 이 물건에 도전하고 싶은 마음이 더욱 컸다고 한다.

응찰해서 떨어지면 말고 하는 심정으로 최저 입찰가인 308.7만 원에 입찰가를 써냈는데 단독입찰이어서 낙찰받을 수 있었다. 이 물건은 많은 공유자들을 상대해야 했기에 현황을 파악하는 것이 우선이다. 최종 낙찰이 확정되자마자 바로 잔금을 치르고 등기 서류를 신청했다.

공유자는 총 28명이었다. 공유자 명단으로 내용증명을 보내고 1주일 정도 지나자 한 통의 전화가 걸려왔다.

연락해 온 공유자는 해당 임야에서 축산업을 하고 있는 실사용자였다. 그 땅은 할아버지가 물려주신 땅으로 사촌들과 공유하고 있는 관계인데 이참에 박 선생 지분을 사고 나머지 자기 형제 지분도 사서 자기 아들한테 물려주고 싶다는 게 요지였다.

300만 원 정도에 낙찰받았기 때문에 600만 원만 받아도 2배 차익이 난다. 하지만 공유자가 많으면 협의가 잘 안 될 경우 다른 사람과 협의하면 되기 때문에 처음부터 금액을 좀 높게 불렀다. 900만 원이면 지분을 넘길 의사가 있다고 했더니 할아버지는 대답이 없었다.

그래서 공유물분할청구소송을 통해 땅을 쪼개어 받을 의사가 있음을 넌지시 내비쳤다. 할아버지는 계속 전화를 걸어왔다. 전화를 걸 때마다 깎아달라고 졸라서 900만 원에서 800만 원으로, 800만 원에서 700만 원으로 계속 깎이는 중이었다.

할아버지는 자신이 땅을 사용하고 있기도 하지만 사촌들에게 그 땅을 빼앗기는 것도 싫고, 작은 시골마을에서 누구네 땅이 경매에 넘어갔다는 소문이 나는 것도 싫다고 했다. 어쨌든 그 땅을 갖고 싶은 마음만큼은 누구보다 커 보였다. 박 선생은 수업에서 배운 대로 역지사지하는 마음까지 다 짜내어 최종 600만 원에 협의하기에 이르렀다.

그러던 차에 지분을 사고자 하는 다른 사람의 연락을 받게 되었다. 사촌 형수였는데 800만 원에 사겠다고 했다. 마음 같아서는 800만 원에 사겠다는 사람에게 팔아야 하지만 도리는 또 그게 아닌 것 같아서 할아버지에게 그 사실도 전했다.

"제가 800만 원에 사겠다는 분이 계셔서 그분께 팔아야겠습니다."

"아니, 어저께 분명히 나하고 약속해 놓고 그런 법이 어디 있소?"

200만 원이나 차이가 나지만 더 필요한 사람에게 넘겨도 남는 장사니까 너무나 갖고 싶어 하는 할아버지께 600만 원에 지분을 넘기기로 약속하게 되었다.

약속한 날짜에 정해둔 부동산으로 갔더니 약속과 다르게 550만 원을 현금으로 내놓는 것이었다. 다짜고짜 깎으면서 대신 점심을 사주겠다며 지갑을 딱 여는데 지갑에 보니까 5만 원짜리 3장과 1만 원짜리 7장이 보였다.

"너무 하십니다. 800만 원에 사겠다는 분이 나섰는데도 약속을 생각해서 600만 원에 어르신께 파는 겁니다. 그런데 이렇게 나오시니 정말 기분이 안 좋습니다. 저 밥 안 먹어도 되니까 지갑에 있는 그 돈을 다 주십시오."

해서 결국은 572만 원에 지분을 팔고 서류 정리를 끝내게 되었다.

라이프체인징에서 운영하는 '100만 원으로 시작하는 소액투자 마스터과정'이 온라인 강의를 포함해 총 102기를 넘어섰다. 그동안 인생을 바꾸겠다는 결심으로 새롭게 도전하는 수많은 분들을 만났다. 이들이 막상 경매나 공매에서 첫 낙찰을 받으면 똑같이 하는 말이 있다.

"저 잘못 낙찰받은 거 같아요. 지금이라도 입찰금 포기하는 게 나을까요?"

앞으로 투자를 해나가다 보면 성공과 실패 모두 경험하겠지만, 그 어떤 것도 그냥 주어지지 않는다. 잘못 낙찰받아서 크게 고생하는 경우도 누구나 한 번쯤은 겪는다. 가만히 있으면 정말 아무 일도 일어나지 않는다. 그러니 처음의 그 두려운 마음 때문에 자신을 의심하고 탓하고 되돌아가지 않았으면 좋겠다. 소액으로 할 수 있는 투자는 그만큼 사람의 손품 발품 감정품까지 필요로 한다. 그 고비를 넘기면 익숙해지고, 수익을 낼 수 있는 토지들이 손에 잡히기 시작한다. 그런 날이 올 때까지 계속 사례들을 접하고 공부하는 수밖에 없다.

마지막으로 당부하고 싶은 것은 혼자하지 말라는 것이다. 점점 살기 편한 세상이 되고 있다. 다른 사람과의 교류 없이도 생활하는 데에는 아무 불편함이 없게 될 것이다. 하지만, 사람을 모르고 세상이 어떻게 돌아가는지 모르고 컴퓨터 앞에서만 돈을 벌기는 어렵다. 모두가 원하는 것이 무엇인지 깨달아야 돈을 벌 수 있는 기회도 온다. 진짜 공부는 혼자 하는 것이라고 하지만, 이제부터 진짜 공부는 다른 사람들과 같이 해야 보이는 세상이 될 것이다. 되도록 많은 사람을 만나고 많은 땅을 보고 많은 꿈을 품으면 좋겠다. 꼭 반드시 원하는 자산을 이룰 수 있기를!

인생을 복리로 살 순 없을까?

우리는 항상 좋은 것을 추구한다. 더 나은 삶을 살고자 하고 더 많은 부를 이루고 싶어 한다. 그러기 위해서는 백 번의 결심보다는 한 번의 실행이 더 낫다. 그리고 그 일을 하려고 할 때 가장 적당한 시간은 언제나 지금이다. 왜냐하면 공도 많이 던질수록 들어갈 확률이 높아지는 것처럼 더 많이 시도할수록 성공할 확률이 높아지기 때문이다. 경매든 공매든 주식이든 일이든 사랑이든 결혼이든 모든 살아가는 비결은 더 많이 시도하는 사람의 승률이 높다. 누구나 똑같이 시간이라는 유한한 재료를 갖고 있기 때문이다.

나는 인생의 그 단순한 진리를 복리에서 발견한다.

우리가 알고 있는 이자는 원금에 대해서만 약정된 이율과 기간을 곱하여 이자를 산출하는 단리다. 예를 들어 1억 원을 만기 2년, 연 3%에 맡기면 2년 후 찾는 원리금은 1억 600만 원이다. 반면 복리는 일정 기간마다 발생한 이자를 원금에 합산한 후 그 합산금액에 대한 이자를 다시 계산하는 방식이다. 예를 들어 1억 원을 만기 2년, 연 3%에 6개월마다 이자를 원금에 가산하는 복리로 맡기면 2년 후 원리금은 1억 614만 원이다. 복리로 예금하면 14만 원의 이자를 더 받게 된다. 복리효과는 간단히 말해 이자가 이자를 낳는 원리이기 때문에 시간이 지날수록 이자가 더해져 전체 원리금이 기하급수적으로 늘어나는 원리다. 따라서 기간이 짧으면 복리효과가 크지 않은 반면 기간이 길면 이자 격차는 크게 벌어진다.

복리에서는 72법칙이라는 것이 있다. 이자가 복리로 붙을 경우 원리금이 커지기 때문에 원리금이 2배로 불어나는 데에는 저축기간과 수익률의 곱이 100%가 아니라 72%만 필요하다는 논리이다. 예를 들어 1억 원을 2억 원으로 불리는 데 걸리는 기간은 단리의 경우 약 33년(1억 원 + 이자 300만 원)이 소요되는 반면, 복리의 경우 24년(72%/3%)이 소요되어 1억 원을 2억 원으로 불리는 데 걸리는 기간이 복리가 단리보다 9년이나 짧아진다.

눈덩이처럼 돈을 굴리고 싶다면 이 복리 효과를 놓치지 말아야 한다. 실제 워런 버핏Warren Buffett은 작은 규모로 시작한 것이 가속도가 붙어 큰 효과를 불러온다는 뜻으로 눈덩이 효과를 설명하기도 한다. 워런 버핏의 재산 99%는 50세 이후에 이룬 것이다. 코카콜라, 애플 등 성공적인 투자를 하기 위해서는 일정 수준 이상의 수익률로 장기 투자를 해야 한다는 것을 입증했다.

주식에서도 배당금을 받기만 하면 단리 수익률에 그치지만, 배당금을 재투자한다면 시간이 지날수록 복리효과는 극대화된다. 배당주 재투자의 복리효과는 매년 배당금을 성장시키는 종목 중에서 배당 수익률이 높고, 배당 지급주기가 짧은 기업을 장기 투자할수록 극대화된다.

국내 배당주의 대부분이 결산배당을 지급했다가 몇 년 사이에 바뀌고 있다. 분기 배딩이 늘어니고, 월배당을 주는 ETF들도 생겨나기 시작했다.

ETF 중에 이름 끝에 'TR'이 붙는 상품들이 있다. TR은 Total

Return의 약자로 TR이 붙은 ETF는 배당금이 나오는 것을 주주에게 돌려주지 않고 즉시 재투자하는 상품이다. 분배금은 15.4% 세금을 공제하고 주는데 이를 분배하지 않고 자동으로 재투자하기 때문에 과세이연효과와 복리효과를 한꺼번에 누리는 효과가 있다.

알베르트 아인슈타인은 "여덟 번째 세계 불가사의는 바로 복리다, 복리를 이해하는 사람은 돈을 벌고 그렇지 못하는 사람은 돈을 쓰게 될 것"이라고 말했다.

이러한 원리로 경제공부를 할 때에 2배라는 숫자에만 주목하면 안 된다. 시간이 맞물려야 복리든 단리든 현실에서 구현할 수 있다. 지금이 바로 시작해야 할 타이밍임을 잊지 말자. 인생을 복리로 사는 방법은 돈이 돈을 일하게 하고 그 사이 나는 다른 꿈을 꾸는 것이다. 돈에 뒤져서는 안 되기에!

100억을 만드는
스몰머니 투자법

2024년 8월 2일 초판 1쇄 발행

지은이 유근용
펴낸이 이원주, 최세현 **편집인** 박숙정 **경영고문** 박시형

책임편집 박숙정 **기획편집** 최현정, 정선우, 김수정 **디자인** 전성연 **본문디자인** 박은진
마케팅 양근모, 권금숙, 양봉호, 이도경 **온라인마케팅** 신하은, 현나래, 최혜빈
디지털콘텐츠 최은정 **해외기획** 우정민, 배혜림
경영지원 홍성택, 강신우, 이윤재 **제작** 이진영
펴낸곳 쌤앤파커스 **출판신고** 2006년 9월 25일 제406-2006-000210호
주소 서울시 마포구 월드컵북로 396 누리꿈스퀘어 비즈니스타워 18층
전화 02-6712-9800 **팩스** 02-6712-9810 **이메일** info@smpk.kr

쌤앤파커스(Sam&Parkers)는 독자 여러분의 책에 관한 아이디어와 원고 투고를 설레는 마음으로 기다리고 있습니다.
책으로 엮기를 원하는 아이디어가 있으신 분은 이메일 book@smpk.kr로 간단한 개요와 취지, 연락처 등을 보내주세요.
머뭇거리지 말고 문을 두드리세요. 길이 열립니다.